丝路之光

垦利海北遗址考古与文物精粹

山东大学历史文化学院
山东大学文化遗产研究院　编
垦利区博物馆

上海古籍出版社

本书得到山东大学青年创新团队项目"海岱地区秦汉时期陶瓷器与社会"、
山东省社科规划项目"山东地区古代瓷器手工业综合研究"资助。

海北遗址

策　划

李　青

主　编

陈章龙　赵清华

编委会

柴丽平　孙小光　盖丽梅

宋　杨　张艳丽　苟小霞

序

百余年前，德国地理学家李希霍芬在《中国——亲身旅行的成果和以之为根据的研究》一书中，首次提及"丝绸之路"（Silk Road）一词。在他的概念里，所谓"丝绸之路"仅指汉代欧亚的贸易通道，甚至仅指公元前128年至公元150年的欧亚交通道路。此后，德国历史学家赫尔曼在1910年出版的《中国与叙利亚之间的古代丝绸之路》一书中引申了李希霍芬的观点。他根据新发现的考古文物资料，进一步把丝绸之路延伸到地中海西岸和小亚细亚，确定了丝绸之路的基本内涵。如今，随着世界多元文化体的加强和国际贸易研究的深入，"丝绸之路"几乎已成为古代中国与西方所有政治、经济和文化往来通道的统称[1]。2013年9月，习近平主席在哈萨克斯坦纳扎尔巴耶夫大学演讲时倡议用创新的合作模式共同建设"丝绸之路经济带"。同年10月，习近平主席访问印尼期间，又提出构建"21世纪海上丝绸之路"的战略构想。千百年来，东、西方不同的种族、文化相互碰撞、交相辉映形成的经济、文化走廊，如今成为中华民族伟大复兴外交政策中重要的既定方针，丝绸之路作为多元文明碰撞与交流的遗产并非中国独享，它也是全人类的共同财富。"海上丝绸之路"作为丝绸之路内涵的升华，与"陆上丝绸之路"关系密切，都是联结古代中国和中亚、波斯以及欧洲、非洲和东北亚地区的贸易、文化通道。"海上丝绸之路"文物属于世界贸易文物，其文化特点是既有输出也有输入，体现了世界多元化的融合。

近年来，围绕着"海上丝绸之路"，国内外相关组织、科研机构开展了一系列考古研究工作，积累了丰富的材料和经验，对其内涵的认识及相关研究建树颇丰。1987年，国家文物局委托中国历史博物馆设立我国第一处水下考古专业机构——水下考古学研究室。1987年至1990年间，通过派人出国学习和与外国水下考古研究机构合作的方式，培训了新中国第一批水下考古专业人员。此后的几十年间，我国的水下考古工作者先后在辽宁绥中三道岗元代沉

---

[1] 现今，通行泛指的"丝绸之路"包括西汉张骞开通西域的官方通道"西北丝绸之路"；北向蒙古高原，再西行天山北麓进入中亚的"草原丝绸之路"；长安到成都再到印度的山道崎岖的"西南丝绸之路"；还有从广州、泉州、杭州、扬州等沿海城市出发，从南洋到阿拉伯海，甚至远达非洲东海岸以及跨黄、渤海达朝鲜半岛、日本列岛海上贸易的"海上丝绸之路"等。

船遗址[1]、福建连江定海湾白礁Ⅰ号宋代沉船遗址[2]、平潭碗礁Ⅰ号清代沉船遗址[3]、西沙华光礁Ⅰ号宋代沉船遗址[4]、广东阳江南海Ⅰ号宋代沉船遗址[5]、南澳Ⅰ号明代沉船遗址[6]等进行过调查、发掘工作。此外，一部分内陆河湖淤积型遗址，如宁波义和路遗址[7]、安徽淮北柳孜运河[8]、河北黄骅海丰镇遗址[9]等考古发掘，均取得较为显著的成果，社会影响巨大。国外，埃及福斯塔特、印尼黑石号沉船、朝鲜新安沉船等古代遗存，均出土大批中国陶瓷器及相关遗物，进一步丰富了"海上丝绸之路"研究的广度、维度。伴随着一系列考古工作的开展，正是对其背后所反映的"海上丝绸之路"的关注。

历史上，山东半岛地区作为中原王朝往来于东北亚地区诸政权的重要阵地，也是东方"海上丝绸之路"的重要组成部分。自隋唐始，中原王朝与朝鲜半岛、日本列岛的交往日趋频繁，层次越来越高，规模越来越大。山东半岛的诸多港口既是新罗、日本进出中国大陆的主要通商口岸，也是对外贸易的重要基地[10]。五代之际，中国北方虽朝代更迭，战乱频繁，但山东半岛作为高丽、渤海等国与中原王朝的唯一通道，对外贸易仍是非常繁荣的。北宋时期，"（山东）登州三面距海，祖宗时，海中诸国朝贡，皆由登莱"[11]。"（登州）西至大海四里，当中国往新罗、渤海大路"。"黄县界（今龙口市）更经乌趣、石埠二山之间，又东经县理，东达于海，海东诸国朝贡必由此道"[12]。此外，密州板桥镇，"东则二广、福建、淮、浙，西则京东、河北、河东三路，商贾所聚，海舶之利颛于富家大姓"[13]。说明此时山东半岛优越的地理位置，是连接东南沿海闽广、江淮、江浙以及中原地区的枢纽，各地商贾云集的区域中心，更是北宋时期对外的贸易重镇。因此，得天独厚的地理位置和历史境遇，使山东地区对内、对外经济往来具备优良的条件。

如今，围绕着"海上丝绸之路"，山东地区也陆续开展相关考古工作。1984年，蓬莱水城小海进行大规模清淤过程中，出土大量文物，包括古船、武器、货币和大量陶瓷器。此后，2005年山东省文物考古研究所、烟台市博物馆、蓬莱市文物局组成的考古队，配合蓬莱水城小海清淤工作，又发掘三艘元、明时期的古船，获得重要成果。这些说明登州港在宋元时期是我国对外贸易的重要港口，并在南瓷北运中起到重要作用，对于研究蓬莱水城与登州古港的历史变迁、古代造船技术与海防建设以及"东方海上丝绸之路"历史面貌等方面都具有重要的学术

[1] 张威：《绥中三道岗元代沉船》，科学出版社，2001年。
[2] 赵嘉斌、吴春明：《福建连江定海湾沉船考古》，科学出版社，2011年。
[3] 碗礁一号水下考古队：《东海平潭碗礁一号出水瓷器》，科学出版社，2006年。
[4] 中国国家博物馆水下考古研究中心：《西沙水下考古（1998—1999）》，科学出版社，2006年。
[5] 魏峻：《南海Ⅰ号沉船考古与水下文化遗产保护》，《中国文化遗产》2008年第1期。
[6] 孙键：《海上丝路余晖——"南澳Ⅰ号"明代沉船发掘》，《2010年水下文化遗产保护展示与利用国际学术研讨会论文集》，文物出版社，2011年。
[7] 宁波市文物管理委员会：《浙江宁波和义路遗址发掘报告》，《东方博物》第一集，杭州大学出版社，1997年。
[8] 安徽省文物考古研究所：《淮北柳孜——运河遗址发掘报告》，科学出版社，2002年。
[9] 黄骅市博物馆、河北省文物研究所、吉林大学边疆考古研究中心：《2000年黄骅市海丰镇遗址发掘报告》，文物出版社，2015年。
[10] 刘凤鸣：《山东半岛与东方海上丝绸之路》第五章"隋唐时期——登、莱是'极海之处'。东方海上丝绸之路的繁荣"，人民出版社，2007年，第116页。
[11] （元）马端临：《文献通考》卷三百一十七《舆地考·登州》，《四库全书》影印本。
[12] （宋）乐史：《太平寰宇记》卷二十《河南道·登州》，《四库全书》影印本。
[13] （元）脱脱《宋史·食货志》，中华书局，1977年，第4560、4561页。

价值[1]。1996年至2009年期间,胶州市政府在基建过程中发现部分与历史上板桥镇相关的遗存,后为加强对板桥镇的科学研究,探寻古板桥镇历史,青岛市文物保护考古研究所联合胶州市博物馆,对胶州市老城区开展了课题性的考古工作。这些考古工作不仅对于胶州和青岛的历史沿革及城市发展研究具有重要意义,也是青岛作为"海上丝绸之路"起点城市之一的重要证据[2]。海北遗址的发现、发掘,获得大量与陶瓷器贸易、港口海运有关的遗存,也说明海北遗址与"海上丝绸之路"有密切的联系。

优越的史地位置以及丰富的考古材料,赋予海北遗址在"海上丝绸之路"研究中重要地位。地理位置上,海北地区地处渤海湾腹地,黄河入海口。该区域虽自隋唐时期才脱海成陆,但宋金之际已明确有人居住、开垦(属河北东路滨州渤海郡)。历史上,特别是隋唐之际,山东半岛的诸多港口既是新罗、日本进出中国大陆的主要通商口岸,也是对外贸易的重要基地[3]。这一时期,登州是出入高丽、渤海国的主要口岸,即"登州海行入高丽、渤海道"。北宋时期,由于战争和统治政策的原因,登州港渐次封闭,密州板桥镇代替登州成为宋政府北方对外交往的重要口岸。海北遗址,正处于登、莱二州辐射范围内,必会受到当地社会政治环境影响,相应的发展轨迹也会呈现阶段性特征。这一点也正好从考古材料得以证明:海北遗址历次考古工作所获得材料,时代特征主要集中于宋、金之际,产品面貌较为统一,说明该遗址繁荣阶段正处于宋、金时期。其次,海北遗址隔莱州湾与登州古港遥相呼应,类似的遗址,往北可见河北黄骅海丰镇遗址,往南则是胶州板桥镇遗址等,其考古出土材料较为接近,遗址内涵也存在一定相似之处。考虑到环渤海地区与东北亚古代诸国的政治、经济交流,共同的历史境遇,可以肯定,这部分遗址均与当时的"海上丝绸之路"有密切联系。

海北遗址的发现,虽然仅是为数不多的几处遗址之一,但可以肯定的是,随着考古工作的开展和多种科技手段的运用,会有更多类似的遗址被发现。通过新发现的一处处遗址点的积累,会逐渐形成一条逐海岸的线,从而为"海上丝绸之路"的研究提供更加丰富的材料和视角。海北遗址,也将成为众多角色中的重要环节。

方辉

2017.10

[1] 席龙飞等:《蓬莱古船与登州古港》,大连海运学院出版社,1989年;山东省文物考古研究所、烟台市博物馆、蓬莱市文物局:《蓬莱古船》,文物出版社,2006年。
[2] 青岛市文物保护考古研究所:《胶州板桥镇遗址考古文物图集》,科学出版社,2014年。
[3] 刘凤鸣:《山东半岛与东方海上丝绸之路》第五章"隋唐时期——登、莱是'极海之处'。东方海上丝绸之路的繁荣",人民出版社,2007年,第116页。

目 录

一、海北遗址史地概况及历次考古工作概况

（一）海北遗址史地概况

海北遗址，位于今东营市垦利区胜坨镇海北村北，东经118°28′，北纬37°32′。遗址东西长390米，南北宽225米，面积约87 000平方米（图一）。垦利区（原为垦利县，2016年8月2日正式撤销垦利县，设立东营市垦利区），因称"垦区"和"利津洼"而得名，1943年建立垦利县抗日民主政府，首次称名为"垦利"[1]。

地理位置上，海北遗址位于垦利西南部，地处山东省东北部黄河入海口，黄河三角洲冲击平原地带（图二）。东濒渤海，西、北倚黄河，与利津县隔河相望，南面毗邻东营市东营区。

长期以来，黄河尾闾段常常左右摆动，多次溃决、漫溢、泛滥而冲积、淤垫，形成以河床为基础的指状起伏地形，造就该地区西北高、东南低、呈扇形微倾斜的地势。境内新老河道纵横交错、互相切割、重迭，呈现岗、坡、洼相间的复杂地貌。明末顾柔谦（顾一柔）在其所著《山居赘论》里就曾说道："大河之流，自汉至今，迁移变异，不可胜纪。然孟津以西，则禹迹具存，以海为壑，则千古不易也。自孟津而东，由北道以趋于海，则澶、滑其必出之途。由南道以趋于海，则曹、单其必经之地……要以北不出漳、卫，南不出长淮，中间数百千里，皆其纵横糜烂之

图一　海北遗址地貌全景图

[1] 垦利县地方史志编纂委员会编：《垦利县志》，中华书局，2004年。

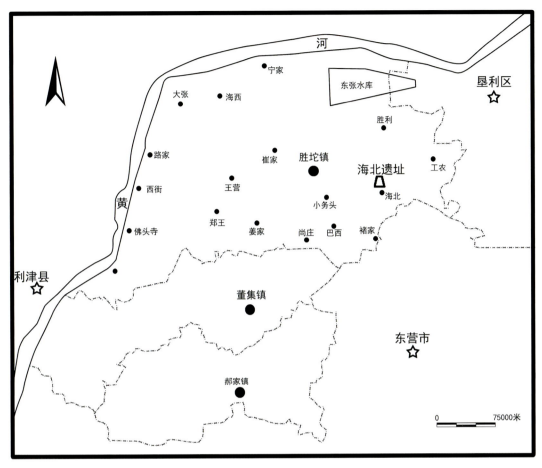

图二　海北遗址位置示意图

区矣。"[1]清咸丰五年（公元1855年）六月,黄河在河南省兰阳县铜瓦厢（今河南兰考境内）决口,于山东寿张县张秋镇（今山东阳谷境内）穿过运河,夺大清河河道,由利津铁门关（今汀罗镇前关村）以下牡蛎口入海,从而结束了黄河700余年夺泗入淮的历史,重新由渤海湾入海[2]。光绪九年《利津县志》记载:"牡蛎嘴即河入海处,闻诸土人,此地出牡蛎,自黄河入境,河淤增长,牡蛎痕迹具湮,而海门以上,萧圣庙以下数十里,葭苇繁茂,名曰苇荡,小民资以为利。往者海艘停泊,直抵萧圣庙,今则不能进口,悉泊太平湾矣。"[3]这也说明,黄河的改道不仅改变了局部地区的自然生态环境,而且对物质文化环境产生了一定影响,黄河的变迁与当地历史人文环境息息相关。

西汉时期,该地域尚处于渤海之中。当时,今利津县南境均为滨海滩涂,海岸线大致位于今利津县北望参门、利津城、宫家一线。《东营市志》记载:"西汉之前,黄河三角洲地域均在海水之中。海岸大致在今大山、明集、利津城、史口、辛店、支脉沟口一线。利津城东南至史口之间有一自然海湾,南北宽约10公里,东西长40公里,延伸至小营一带。"[4]

[1]（明）顾柔谦:《山居赘论》,载《禹贡锥指》卷十三,上海古籍出版社,2006年,第524页。
[2] 邹逸麟:《黄淮海平原历史地理》,安徽教育出版社,1997年,第103页。
[3]（清）盛赞熙:《利津县志》第二卷《舆地图》,《中国地方志集成》第二十四册,江苏古籍出版社、上海书店、巴蜀书社,2004年,第298、299页。
[4] 东营市地方史志编纂委员会编:《东营市志》,齐鲁书社,2000年。

图三　魏晋时期垦利地区地势及甲下邑位置图（引自谭其骧《中国历史地图集》）

　　王莽始建国三年（公元11年），黄河在魏郡（今河南濮阳）决口改道东流，至东汉永平十二年（公元69年）由青州部千乘郡（今利津县东南境）入海，此后经过长期的淤积造陆，逐渐孕育出这片年轻的土地[1]。《中国历史地图集》标示今董集镇西南部地区春秋时期已是陆地，至三国、魏晋时期还出现重镇"甲下邑"（图三）。

　　《沧海桑田黄河口》指出："汉明帝永平十二年（公元69年），王景治河修千里长堤束水，经现滨州市在利津城南入海。至建安二十年（公元215年），河口经200多年的淤积延伸，原蓼城东南伸入西南的大海湾已淤成陆地，出现河口重镇名'甲下邑'（今龙居镇东北）。魏（三国）元帝景元二年（公元261年），黄河仍在利津城以东甲下邑以北入海。隋文帝开皇十六年（公元596年）黄河经滨州，绕利津城折向北，在现盐窝镇入海，此时的海岸线已推移至今富国（沾化县）、盐窝、坨庄、沙营以北一线。"[2]《山东通志》记载："阴县故城北，又东北漯沃津，又东迳千乘城北，又东北迳利县城北（今博兴店子镇利城村），又东分为二水，枝津东迳甲下城南，东南历马常坑注济，又东北过甲下邑，又东北入于海。"[3]《历代黄河变迁图考》也指出："（黄河）又东北过利县北，又东北过甲下邑。济水从西来注之，又东北入于海。郦注：河水又东分为二水。枝津东迳甲下城南，东南历马常坑注济。经言济水注河，非也。河水自枝津东北流迳甲下邑北，世谓之仓子城，又东北流入于海。以今舆地言之，滑县、开州、观城、濮州、范县、朝城、阳谷、荏平、禹城、平原、陵县、德平、乐陵、商河、武定、青城、蒲台、高苑、博兴、利津诸州县界中，皆东汉以后大河之所行也。"[4]可以看出，三国、魏晋时期原

［1］岑仲勉：《黄河变迁史》第八节"两汉的黄河"，人民出版社，1957年，第270页。

［2］蒋义奎、崔光：《沧海桑田黄河口》，黄河水利出版社，2009年。

［3］（清·光绪）《山东通志·河防志第九·黄河考上》，第3393页。

［4］（清）刘鹗：《历代黄河变迁图考·第六》，光绪癸巳仲冬袖海山房石印本，第52、53页。

黄河入海处流向较为平稳,黄河三角洲地区重镇"甲下邑"所在地是黄河在该阶段最稳定的入海口。甲下邑,世谓之"仓子城",即《水经》甲下邑之城也,当在今利津县东南[1]。《乐安县志》中曾经提到"惟甲下邑不知所在"。后刘建春《追溯甲下邑长河口刘家》考证"甲下邑、长河口、刘家村实为一地",即现董集镇刘家村一代。综合考量,说明这一时期黄河入海口正位于该地区。

隋唐之际,山东半岛的登州(今蓬莱)、莱州(今掖县)一直都是中、韩、日官方及民间往来、贸易的主要港口,即"登州海行入高丽、渤海道"[2],《元和郡县志》、《入唐求法巡礼行记》、《新唐书》等均证实山东半岛在当时三方交往中的重要地位。毗邻登、莱二州,同样环伺于莱州湾的利津地区,这一时期隶属渤海郡、棣州,地理位置也十分优越。隋开皇六年(公元586年)废渤海郡置棣州,十六年(公元596年)废漯沃县置蒲台县,辖永利镇。炀帝大业二年(公元606年)改棣州为沧州,三年(公元607年)废沧州复置渤海郡,辖蒲台县。武则天垂拱四年(公元688年)分蒲台、厌次置勃海县(今北宋乡褚官村附近)。玄宗开元二十九年(公元741年)棣州属河北道。五代复置,唯后周显德三年(公元956年)置滨州。《元和郡县志》"蒲台县"条记载:"海在县东一百四十里。海畔有一沙阜,高一丈、周回二里,俗人呼为斗口淀,是济水入海之处,海潮与济相触故名……黄河西南去县七十三里。""厌次县"条载:"黄河在县南三里,滴河在县南四十里,通海故关在县西南四十里。"[3]"景福后,(黄河)自厌次县界决而东北流,迳勃海县西北,又东北至无棣县东南,而东注于海。注:勃海县西至棣州七十里,其故城在今滨州东"[4]。《太平寰宇记》"滨州"条载:"滨州,今理渤海县,本瞻国军,周显德三年(公元956年)三月升为州,仍割棣州之渤海、蒲台两县属焉……渤海县……本汉蒲台县地。唐垂拱四年(公元688年)分置渤海县,以在渤海之滨为名。天宝五年(公元746年)以地土碱卤,自旧县西移四十里,就李丘村置即今理。大海在县东一百六十里,旧黄河在县西北六十里。景福二年(公元893年)后,河水道移,今枯。蒲台县……本汉湿沃县,属千乘国……古蒲台在县北四十里……东去海二十五里……黄河西南去县七十里,大海在县东一百四十里。"[5]《历代黄河变迁图考》载:"以今舆地言之,濬县清丰观城、聊城、平原、陵县、商河、齐东、武定、蒲台、利津,南接滑县、开州、濮州、范县、阳谷、茌平、平阴、长清、临邑、济阳,后徙经滨州、海丰,不入蒲台、利津诸州县界中,皆唐历五代以迄宋初黄河之所行也。自王莽始建国三年(公元11年)辛未,河徙由千乘入海后五十九岁,为后汉明帝永平十三年(公元70年)庚午王景治河功成,下逮宋仁宗景祐元年(公元1034年)甲戌,有横陇之决,又十四岁为庆历八年(公元1048年)戊子复决于商胡,而汉唐之河遂废,凡九百七十七岁。"[6]可以看出,这一时期的黄河,自东汉王景系统疏导,至唐昭宗景福二年(公元893年)由今惠民县境内改道北流以来,流向一直较为平稳。虽然该地区行政区划几经变动,但黄河改道产生的地理单元格局基本形成,而且已经存

[1] 杨守敬:《水经注疏》卷第五,上海古籍出版社,第508、509、757页。
[2] (唐)贾耽:《新唐书·地理志》,中华书局,1975年。
[3] (唐)李吉甫:《元和郡县志·河北道二》,《四库全书》影印本,第388、389页。
[4] (清)胡渭:《禹贡锥指》卷十三,上海古籍出版社,第501页。
[5] (宋)乐史:《太平寰宇记·河北道十三》,《四库全书》影印本,第531、532页。
[6] (清)刘鹗:《历代黄河变迁图考·第七》,第57、58页。

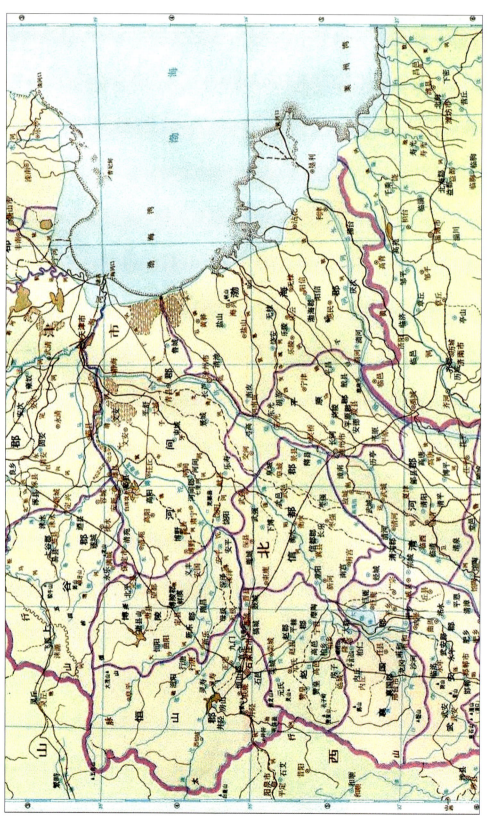

图四　隋河北诸郡（大业八年，公元612年）（引自谭其骧《中国历史地图集》）

图五　宋元时期海北遗址所处位置图（引自谭其骧《中国历史地图集》）

在专门的海路关口（口岸）。蒲台、渤海乃至此后的滨州，据文献载其东距海岸均在一百四十里左右。蒲台，始设于隋开皇十六年（公元596年），其前身为汉武帝时期的湿沃县。《蒲台县志》载："邑境汉武帝间置湿沃县；新莽时改延亭县，后复名；随改蒲台县。"1956年3月建制撤销，黄河以北属地划于滨县（今滨州），黄河以南属地分别划于博兴和齐东县。隋唐时期，今利津县西南部已成陆，设永利镇，属渤海郡蒲台县。今垦利境内西南部的胜利、郝家、董集、胜坨、宁海等地也已脱海成陆（图四）。

　　宋金时期，垦利境内已有人居住开垦，逐渐形成村落，时为河北东路滨州渤海郡勃海县属地（图五）。高宗建炎三年（公元1129年）被金兵占领，后归金国版图。金明昌三年（公元1192年）十二月，政府升永和镇置利津县，并在邻近沿海一带建立丰国镇、永阜镇、宁海镇，置巡司统管。当时县城东北至海30公里，今汀河乡正处于海岸线上。此后，济水入原黄河流路经本境入海，时称北清河。海北遗址处于北清河与渤海的交汇处，地理位置优越，水陆交通便利。自后周显德三年（公元956年）始，"疏汴水北入五丈河，东流经定陶北入于济，齐、鲁舟楫皆达大梁"[1]。由此开通了由东京开封连接今山东地区的水上通道。此条通道由开封东北经东明、定陶、济州合蔡镇（巨野西北），入梁山泊达于浑州（今巨野西北），后沿北清河出海，"以通青、郓之漕"，是京东地区的主要水道[2]。随着京东运河的复航，山东地区逐渐成为北宋政府赖以生存的地方经济支柱，山东半岛在南北方经济交流中扮演日益重要的角色。

［1］（清）顾祖禹：《读史方舆纪要》，中华书局，2005年，第2117页。
［2］陈杰：《从南方瓷器出土看宋元时期山东的水路交通》，《山东社会科学》2004年第5期。

（二）海北遗址历次考古工作概况

海北遗址——目前垦利境内发现的一处较早的古遗址，丰富了垦利地区的人居历史。同时，该遗址出土窑口众多、时代特征鲜明、数量庞大的瓷器标本，证实宋金时期垦利地区与外界有着频繁的贸易往来和文化交往，并为山东地区古代遗址出土的宋金瓷器的断代提供了可靠依据。该遗址自发现之初就引起相关专家、学者的关注，相关部门也多次组织人员对遗址进行钻探、发掘工作，为该遗址的进一步保护、研究提供相应的技术、材料支撑。

2006年4月，垦利县文化馆接到胜坨镇海北村村民报告后，立即组织东营市文管所、东营市历史博物馆有关人员赴现场进行实地考古调查，初步确定该遗址为宋元时期。此后，山东省文物考古研究所佟佩华副所长和李振光主任前来进行考古调查，认为该遗址出土的瓷器标本，标准高、档次高、窑系多实属罕见，特别是在东营沿海地区属首次发现（图六）。它的发现将对研究东营地区及垦利县的历史发展和文化渊源提供非常重要的实物依据。

2006年6月3日，鉴于该遗址的特殊性和重要性，垦利县文管所特聘请北京大学权奎山教授对遗址出土标本进行鉴定，并深入遗址现场进行实地考察。权教授认为遗址出土的瓷器标

图六　山东省文物考古研究所领导、专家查看海北遗址出土遗物

本品种多、内容丰富,其时代为北宋、金、元时期,以北宋、金代数量为多,有不少标本为当时名窑烧造,如河北定窑、河南青瓷窑、江西景德镇、河北磁州窑等。

2006年11月1日,山东省文物考古研究所、东营市历史博物馆,以及垦利县文体局、文化馆结合遗址的分布情况及地质特点,确定南、北两个发掘区:南区探方在遗址的重点区域,呈东西走向,面积为200平方米;北区探方在南区北侧约50米处,走向及面积同南区。

正式发掘之前,考虑到该地区地质结构复杂,地下水充沛,南、北两区先于11月2日在发掘区周围实施降水。采用渗水沟渠、"十字形"插管的方式昼夜抢排(图七)。直至南区探方地下水位降至2.1米,北区探方地下水位降至0.6米后进行考古发掘,到11月23日降水停止。

11月10日,东营市历史博物馆5名考古技术人员和垦利县文化馆5名专业人员及14名民工进驻工地,进行正式发掘。其中,南区共布5米×5米探方4个(T1、T2、T3、T4),严格按照田野考古操作规程进行。到11月17日发掘至距地表2.1米处,开始出现大量积水,发掘工作暂停,实际发掘面积64平方米。在此情况下,为进一步了解地下文化层堆积情况,在南区主探方内进行考古钻探,确定该区域往下约2.5米左右包含物较丰富,但因积水严重无法继续发掘。

此后,发掘组工作人员多次召开会议,因地而宜,调整发掘方案,辅助以泥浆泵进行下一阶段的考古工作。发掘区域仍为南区,29日上午正式开始,到12月14日发掘结束,历时16天,实际清理面积1 230余平方米,搬运土方5 300余立方米,发掘平均深度4.8米左右。至此,南区探方考古发掘完成。北区由于季节、地理等原因,未进行下一步发掘。

此次考古发掘出土遗物种类繁多,数量庞大,部分质量较好。种类有瓷器、陶器、古钱币、砖、瓦、瓦当、动物骨骼、贝类等,包括生活用器、装饰用品、建筑构件等。

图七 海北遗址发掘区降水设施

图八　海北遗址出土墨书文字碗底

其中，瓷器器形包括碗、碟、瓶、杯、钵、罐、缸、盏托、炉、香炉、熏炉、动物及文房用具等。釉色囊括白釉、黑釉、酱釉、黄釉、青釉、青白釉等。瓷器及标本涉及窑口众多，包括定窑、临汝窑、景德镇窑、龙泉窑、磁州窑、钧窑以及山东本地窑口等。部分器物底部墨书"王"、"田"、"刘"、"马"、"苑"、"任"、"邢"、"韩"、"赵"、"冯"、"孟"、"右"、"辩"等（图八），还有标识为"公用"、"徐宅置到"等；部分文字应于烧制过程中书写于瓷器底部，如"吉"、"淦"、"赵"、"惠"等。

陶器标本15 000余片，器形较多，囊括人们日常生活用器的大部分，包括瓮、罐、盆、盘、笔筒、扑满、砚台、灯盏、骰子、范、香炉等。

钱币数量丰富，包括铜、铁质两种。

1. 铜钱　共204枚，其中完整铜钱192枚，残件12枚。涵盖北宋从太祖（赵匡胤）到钦宗（赵桓）九位皇帝35个年号中的22个年号。如元祐通宝、政和通宝、熙宁通宝、皇宋通宝、嘉祐通宝、祥符通宝、治平通宝、至道元宝、宣和通宝、明道元宝、景祐通宝、咸平元宝、端拱通宝等。另外出土开元通宝、半两钱、五铢钱各1枚。

2. 铁钱　出土数量较大，成形铁钱150枚。多数锈蚀严重，辨认困难，部分钱币可分辨出大观通宝、政和通宝、元丰通宝等。

从出土的钱币看，时代比较集中，为北宋各个朝代钱币，有少量秦汉时期钱币，尚未发现北宋之后的钱币。

此外，发掘清理部分日常生产、生活遗迹，包括夯土层、灶、建筑基址、灰坑、灰沟、瓦片堆积等。

1. 夯土遗迹　位于南区主探方北面约10米处，呈东西走向，距地表1.6米。长65、宽4.6、厚2.7米。夯土遗迹东、西两端分别向南延伸55米，自北向南逐渐降低，厚度逐渐变薄。西端，夯土层建筑向南延伸55米后，又折向东延伸约20米，厚约0.8米，之后消失。总体上看，整个夯土遗迹呈不完整"回"字形。"回"字形夯土中间有厚0.5～0.8米的夯土层。为进一步弄清夯土遗迹内部构造，对其进行解剖（图九）。夯土层由灰绿色颗粒状土构成，中间夹杂大量陶盆残件及碎片，陶盆残件多数底面朝上摆放，推测夯土建筑在形成时，辅助用陶盆装土填埋。

此后，还对南区主探方东面厚2.3米的夯土基址进行解剖（图一〇）。自上而下，分为四层（S1、S2、S3、S4）。

S1层：厚约0.6米，为灰绿色土质。

S2层：厚约0.4米，为黄黏土和沙土混合土质。

S3层：厚约0.8米，为较大颗粒状黄黏土土质。

S4层：厚约0.5米，为灰绿色土质。

S4层以下为细沙。从剖面分析，该夯土基址应是在形成过程中，分四次进行夯筑，夯土层中包含物较少。此外，夯土基址表层有砖、瓦、烧过的红黏土及灰坑，推测其上原有建筑物存在。

2．建筑基址　位于南区主探方内，共有8处砖砌基址，距地表3～4米。其中探方西部、南部、东部共4处，呈南北走向；北部、中间4处，呈东西走向。根脚较短，约3～5砖长，3～4砖厚不等。多数为单砖垒砌，少数为双砖垒砌，比较齐整。尤其在探方东南角，有两处相距1.6米、南北走向的双砖垒砌的根脚，上面铺设人为加工的石板。

3．灶　共清理13口，分布不规则。结构基本相似，均为圆形，大小不等。外层用砖垒砌，内壁涂抹耐火泥。其中，在发掘区西北角灶砖层之间有烟灰痕迹；东南角两处相距1.6米、南北走向的双砖垒砌的根脚之间有一灶坑，在灶坑西侧有明显灰沟，堆积厚约0.6米；北面偏西有一大型灶，直径约0.8米，高约1.2米。

4．瓦片堆积　清理多处瓦片集中堆积区。其中探方南面偏西处，有一距地表3米左右，厚约0.6、东西宽约2.1、南北长约3.6米的瓦片集中堆积区域（南侧未发掘，尚有同等厚度的瓦片堆积），在瓦片堆积层之间有黑色草木灰；东面偏中部同等深度有一面积较小的瓦片集中堆积区域；东北角距地表1.6米左右，也有较薄的瓦片堆积。

2011、2012年间，为配合"东营宋金码头大遗址保护"和垦利县博物馆建设规划，以全面了解海北遗址的分布范围、遗址内遗迹的大致布局，为下一步进行大遗址"保护、利用、规划"提供科学的勘探资

图九　南区"回"字形夯土层剖面

图一〇　南区主探方东面夯土层解剖

料，垦利县文管所、山东省博物馆等单位对海北遗址及其周边进行全面钻探和部分区域的试掘
工作。

此次考古工作分为两个阶段：第一个阶段始于2011年11月26日，至2011年12月22日结
束，实际工作27天；第二个阶段始于2012年2月20日，至2012年3月9日结束，实际工作19天。

此次考古钻探的地点，选择在以往未发掘的区域，主要是2006年发掘区的北侧和东侧，
钻探面积约6万平方米（图一一、图一二）。依据地面现状的不同，采取分片区、不等距的勘
探方法。

图一一　2011年遗址勘探现场

图一二　工作人员对
　　　　出土遗物进
　　　　行整理

　　在海北遗址的考古勘探过程中,山东省以及当地市、镇领导多次到勘探工地检查、指导,给予我们极大的鞭策和帮助(图一三)。

图一三　山东省专家查看海北遗址出土遗物

通过此次考古钻探工作，进一步明确海北遗址位于垦利县胜坨镇海北村村北，海北村中心路以西，东西长390米，南北宽225米，面积8万多平方米（图一四、图一五）。

根据遗址总体分布情况，此次钻探分为五大区域，用A、B、C、D、E来表示（图一六）。

A区：位于2006年发掘区的北侧，民房前小路的南侧。地层堆积情况如下。

第①层：垫土层，厚0.7～1米，红黏土、黄细沙土，较纯净。

第②层：灰褐黏土，深0.7～1.5米，厚0.2～0.5米，夹杂稻米颗粒、草根等杂物，应为现代

图一四　海北遗址钻探所知分布范围

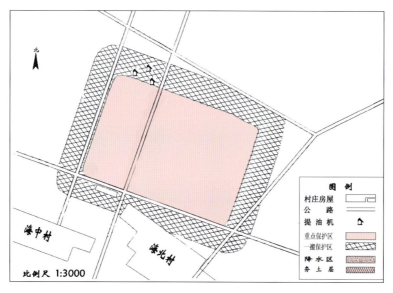

图一五　海北遗址保护范围

图一六 海北遗址钻探分布区域情况

耕土层,普遍在1米左右见水。

第③层:灰褐土,深约1.1～1.6米,厚0.5米左右,土质疏松,包含细沙颗粒,夹杂草木灰、红烧土、陶瓷片、瓦片等。

第④层:黄褐土,深1.6～2.2米,厚0.6米,颗粒较粗,土质疏松,包含草木灰、红烧土、陶瓷片等。

第⑤层:灰褐土,深2.2～2.7米,厚0.5米左右,质地较粗,包含零星腐殖物、陶瓷片等。

第⑥层:黄褐土,深2.7～3.3米,厚0.6米左右,质地细腻,较纯净,见有零星陶片、瓷片等包含物。

第⑦层:黄褐沙土或灰褐沙土,3.3～4.2米,厚0.9米左右,较纯净,包含零星的草木灰等,少见耀州窑系青瓷片。

第⑧层:黄细沙土,深4.2米,较纯净,土质细腻,质地紧密。

B区:位于2006年发掘区的东侧,东西两根电线杆之间,地层堆积情况如下。

第①层:垫土层,厚0.7～1米,为红黏土、黄细沙土,质地较纯净。

第②层:灰褐黏土,深0.7～1.5米,厚0.2～0.5米,夹杂稻米颗粒、草根等,应为现代耕土层,普遍在1米左右见水。

第③层:灰褐土,深1.1～2.2米,厚1.1米左右,土质疏松,夹杂草木灰、红烧土、陶瓷片、瓦片等。

第④层:黄褐土,深2.2～3.1米,厚0.9米左右,颗粒较粗,土质疏松,包含草木灰、红烧土、陶瓷片等。

第⑤层：黄褐或灰褐沙土，深3.1～4.2米，较纯净，夹杂有零星草木灰等。

第⑥层：黄细沙土，厚4.2米，土质细密，质地纯净。

C区：位于B区的北侧，民房前碎砖路的南侧。地层堆积情况如下。

第①层：垫土层，厚1～1.4米，红黏土、黄细沙土，质地较纯净。

第②层：灰褐土，深1.4～2.5米，厚1.1米左右，土质松软，混合细沙，夹杂草木灰、红烧土、陶瓷片、瓦片等。

第④层：黄褐土，深2.5～3.4米，厚0.9米左右，颗粒较粗，土质松软，包含草木灰、红烧土、陶瓷片等。

第⑤层：黄褐或灰褐沙土，深3.4～4.2米，较纯净，夹杂零星草木灰等。

第⑥层：黄细沙土，深4.2米，土质细腻，较纯净。

D区：位于B区以东，两个电线杆之间。地层堆积情况如下。

第①层：垫土层，0～1.2米，为红黏土或黄细沙土，较纯净，无包含物。

第②层：黄褐淤土，1.2～2.6米，厚1.4米左右，依次可分为胶泥层、淤土层、细沙层，较纯净，无包含物。

第③层：灰褐土，2.6～3.1米，厚0.5米左右，含细沙，土质较软，含少量陶片。

第④层：黄褐黏土，3.1～4.1米，质地较紧密，含少量陶片或瓦片。

第⑤层：黄细沙土，深4.1米，土质纯净细腻。

E区：位于民房和民房前小路之间的棉花地。地层堆积情况如下。

第①层：垫土层，0～1.2米，红黏土或细沙土，质地纯净，无包含物。

第②层：黄细淤沙土，1.2～2.1米，土质细腻，较纯净，包含物少。

第③层：黄淤土，2.1～2.9米，土质致密，较纯净，较硬，包含物少。

第④层：黄褐土或灰褐土，2.9～4.1米，土质松软，含少量陶瓷片。

第⑤层：黄细沙土，深4.1米，土质细腻，较纯净。

长条状夯土堆积，分为东西向和南北向两条（图一七）。东西向长条夯土堆积走向为90°～125°，长度近300米；南北向长条夯土堆积的走向为5°，现存长度约40米。断面呈梯形，最浅处距地表仅1.5米，最深处距地表4.2米。上部宽2～3米，底部宽6～9米。上部为灰褐土，夯土两侧地层堆积与夯土包含物基本相同。上层为厚10厘米左右的黄褐土或灰褐土，颗粒粗糙，含沙或者小石子，掺杂5厘米厚的红褐土，颗粒粗大；下层为5厘米厚的灰土，质地致密，出土陶瓷片较多。

夯土遗迹两侧集中分布两处瓷片区（图一八）。两处区域瓷片分布较密集，清理出灰坑等遗迹。由于地下水位太浅，土中混合泥水，难以确定灰坑数量和规格。同时，在长条状遗迹两侧可能存在着建筑遗迹。

通过此次钻探并结合以往考古发掘、调查资料，可知：

1. 海北遗址遗存最丰富的区域为A区，其次为B区和C区，D区和E区遗迹、遗物保存较差，推测遗址中心区域为A、B、C三区和2006年发掘区。A区保存情况最好，南、北两侧受2006年发掘和近代扰沟的影响，现残存南北宽10米左右，东西长约50米。B区和C区分布着较密集的文化遗物，陶瓷片同样较丰富。

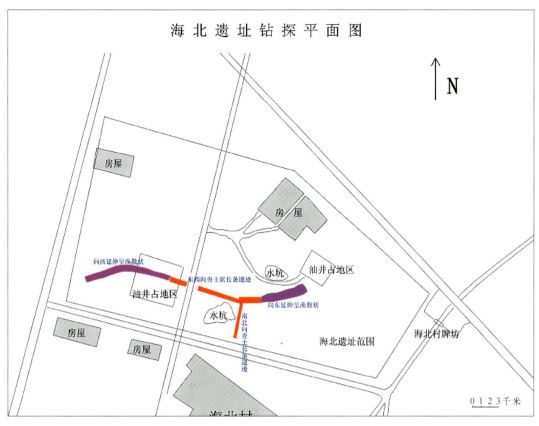

图一七　长条状夯土堆积分布示意图

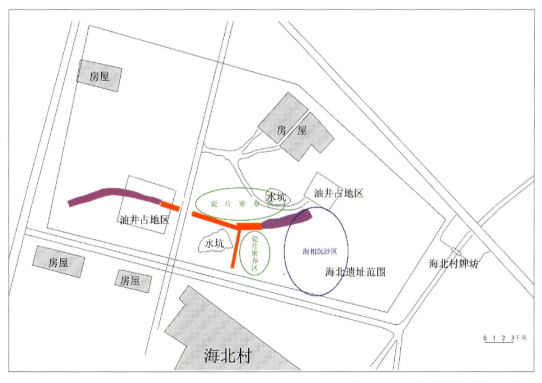

图一八　夯土遗址两侧瓷片堆分布位置

2. 通过本次勘探，并结合2006年发掘出土遗物及遗址所处的地理位置，我们推测海北遗址可能为宋金时期与码头贸易相关的遗迹。该遗址文化堆积厚达2～3米，不仅出土众多外地著名窑口的瓷器，如景德镇、耀州窑系、定窑系、磁州窑等，而且清理出夯土基址、多处建筑等遗迹，种种情况表明该遗址的性质不同于一般的村落遗址，可能与贸易集市或海运码头有关。该遗址的发现对研究垦利地区古代地理、海岸变迁、水文地质、宋金时期南北方瓷器交流及"海上丝绸之路"等都具有重要意义。

2016年1月，垦利县文广新局、垦利博物馆召开"海北遗址发现十周年暨中国早期海上丝绸之路起源学术研讨会"，邀请中、日、韩等国十余位专家、学者就海北遗址的学术价值、保护措施及今后的工作思路等问题，深入展开交流和探讨（图一九）。与会专家详细查看了海北遗址出土的各类遗物标本（图二〇），并听取发掘者对海北遗址考古工作的汇报（图二一、图二二）。禚振西、冯小琦等先生对海北遗址出土瓷器特征、窑口等问题提出独到见解，肯定海北遗址与"海上丝绸之路"的关系（图二三、图二四）。同时，对于海北遗址的性质，郭木森先生认为是一处河海交汇处的码头遗址。郑建明先生则认为应是一处贸易集散地，根据出土的影青瓷数量与质量，江建新先生进一步推断其应是主要针对朝鲜半岛的瓷器贸易中转站。毛保中、雷建红、黄信等先生也结合自己的实际工作经验，对海北遗址的内涵进行了综合分析。专家们一致肯定海北遗址对我国古代"海上丝绸之路"研究的重要性和历史价值，根据出土材料判定海北遗址年代为北宋中晚期至金代，并对今后海北遗址的考古及保护工作的思路、方法指明具体的方向。

图一九　研讨会现场

图二〇　专家查看海北遗址出土瓷片

图二一　赵清华局长介绍海北遗址历年工作情况

图二二　徐波介绍海北遗址
　　　　发掘收获

图二三　禚振西先生发言

图二四　冯小琦先生发言

二、定窑系白瓷

海北遗址出土定窑系瓷器数量较多，质地优良。主要为白瓷。器形可见碗、盘、盏、罐、炉、器盖等。器表以素面为主，还可见刻花、划花、印花以及剔花等工艺，部分器物采用组合装饰工艺。装饰内容常见各类花草纹，还包括少量飞禽、人物、山水、几何、游鱼、文字及回纹等，多为几种纹饰组合装饰。器物胎体较薄，胎质较细腻，含少量杂质，个别器物施化妆土。从器物烧造及装饰工艺推断，其时代集中于北宋中晚期至金代。

白釉碗

敞口，圆唇，斜直腹，矮圈足。通体施白釉，唇外侧内凹一周，口沿处伴有垂釉。口径18厘米，底径6厘米，高5厘米。

白釉碗

敞口，方唇，斜弧腹，近底部内收，圈足。内壁及外腹部施白釉，足跟及外底部不施釉，外底残留垫圈痕迹。口径16.5厘米，底径5.7厘米，高5厘米。

白釉高圈足碗

敞口稍内敛，尖唇，斜鼓腹，高圈足。内壁施全釉，外壁仅口沿处施釉。外腹部残留轮制痕迹，足跟内侧斜削。胎体灰白，质地致密。口径14.3厘米，底径5厘米，高6.3厘米。

白釉高圈足碗

敞口微侈,尖圆唇,斜弧腹,高圈足。通体施白釉,釉面呈现细小冰裂纹。足跟内侧及底部露胎,胎体灰白,底部中间残留垫圈痕。口径17厘米,底径5.5厘米,高8.8厘米。

白釉碗

残。敞口,圆唇,斜直腹,矮圈足。内壁及外腹部施白釉,足跟及外底部露胎,内底部残留支钉痕。胎体灰白,质地致密。口径23.5厘米,底径7厘米,高6厘米。

白釉划花碗

残。侈口,圆唇,斜鼓腹,圈足。内壁满釉,碗心装饰细线划花牡丹,外围饰简单花草纹,近口沿处饰一道细弦纹。外腹部施釉,刻划菊瓣纹,底足露胎。胎体灰白色,含少量杂质。口径17.5厘米,底径6厘米,高7厘米。

白釉印花碗

残。敞口，圆唇，斜弧腹，矮圈足。通体施白釉，内壁碗心模印飞鸟花卉纹，碗壁满饰模印花鸟湖石，近口沿处饰一周回纹。口径18.3厘米，底径3.1厘米，高6.5厘米。

白釉碗

残。直口，圆唇，鼓腹，圈足。内壁及外腹部施釉，底足露胎。内壁底心三周同心圆，外壁口沿下部饰三道弦纹，其下刻划菊瓣纹。口径13厘米，底径6.5厘米，高6.2厘米。

白釉碗

敞口稍敛，圆唇，斜弧腹，圈足。通体施白釉，底足露胎。胎质灰白，质地细腻。口径16.7厘米，底径6.4厘米，高4.1厘米。

白釉碗

残。敞口微敛，圆唇，深斜腹，矮圈足。内壁及外腹部施化妆土，罩以透明釉。内底残留4个支钉痕。口径23厘米，底径8.5厘米，高9.25厘米。

白釉划花碗

残。侈口，尖圆唇，斜弧腹，高圈足。内壁及外腹部施釉，底足露胎。内壁口沿下部饰一道细弦纹，往下饰简单划花。胎体灰白，质地细腻。

白釉罐

口沿残。直口，圆唇，短颈，折肩，深弧腹，圈足外撇。口沿及外壁施白釉，肩部饰一道凹弦纹。内壁及底足露胎，胎体灰白，质地细腻。口径4.5厘米，腹径7.6厘米，底径4.7厘米，高8厘米。

白釉小盏

残。敞口，圆唇，斜弧腹，矮圈足，通体施白釉。内底模印菊花纹，其外为仰莲纹。外底部露胎，胎体灰白，质地细腻。口径9.9厘米，底径2.7厘米，高3.2厘米。

白釉划花碟

残。敞口,尖圆唇,斜直腹,平底内凹,内底刻划萱草纹。通体施白釉。口径10.9厘米,底径6.9厘米,高1.8厘米。

白釉炉

残。直壁,折腹,束腰,喇叭形足。通体施化妆土,罩以透明釉,釉面呈现冰裂纹。腹部转折处制作成锯齿状。残高9.6厘米。

白釉碗

残。侈口，圆唇，斜直腹，近底内收，小圈足。内壁及外腹施釉，釉面有细小冰裂纹。内底残留四支钉痕。外底露胎，底部正中凸出。口径16.8厘米，底径5.3厘米，高9.3厘米。

白釉碗

残。敞口，尖圆唇，斜弧腹，矮圈足。通体施白釉，唇部及唇外侧刮釉露胎。口径19.2厘米，底径6.5厘米，高5.5厘米。

白釉碗

残。敞口微侈，圆唇，斜弧腹，圈足。内壁及外腹上部施化妆土，罩以透明釉。内底残留四支钉痕，外腹下部及底足露胎，胎体灰褐色，杂质较多。口径15.2厘米，底径5.5厘米，高6.8厘米。

白釉碗

残。敞口，圆唇，斜弧腹，圈足。内壁及外腹上部施化妆土，芒口。底足露胎。口径14厘米，底径6.1厘米，高7.8厘米。

白釉高圈足小碗

残。敞口，圆唇，鼓腹，高圈足。内壁及外腹部施化妆土，其上罩以透明釉。内底残留三支钉痕，圈足及底足露胎，胎体灰白，杂质较少。口径11.6厘米，底径3.8厘米，高5.5厘米。

白釉碗

残。敞口微侈，圆唇，斜直腹，近底内收，高圈足，稍外撇。通体施釉，釉质洁白。口径11厘米，底径3.8厘米，高5.3厘米。

白釉盘

残。敞口，圆唇，斜弧腹，矮圈足。通体施白釉，釉质细密。口径14.2厘米，底径6.5厘米，高3.2厘米。

白釉花口盘

残。敞口，圆唇，斜直腹，平底。六出花瓣口，内壁及外腹部施化妆土，其上罩以透明釉，釉面有细小冰裂纹。外底未施化妆土，罩以透明釉，釉层较薄，露出灰白色胎体。口径11.6厘米，底径8厘米，高1.8厘米。

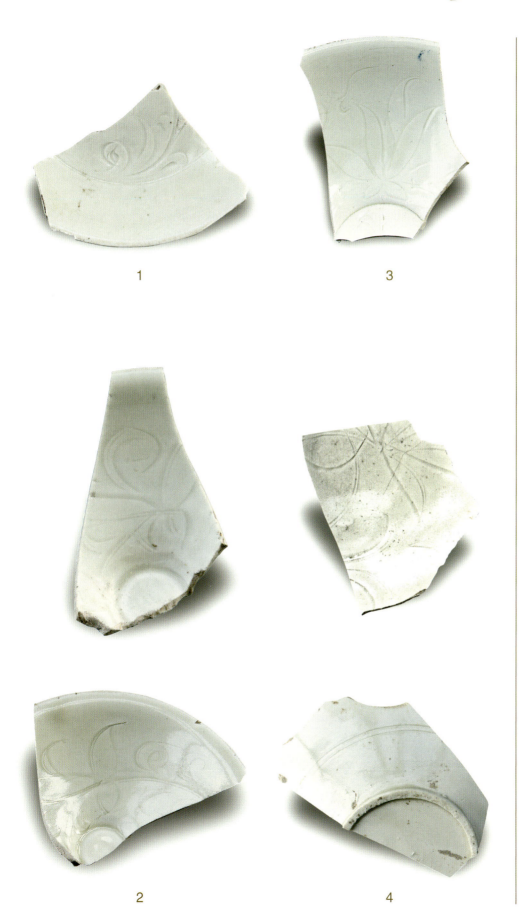

1

3

2

4

1. 白釉刻划花盘

2. 白釉刻花碗

3. 白釉西番莲刻花碗

4. 白釉划花盘

1

2

3

4

1. 白釉湖石花草回纹
   印花碗

2. 白釉缠枝花草回纹
   印花碗

3. 白釉葡萄纹印花碗

4. 白釉莲瓣花草纹印
   花碗

5. 白釉蒲草蕉叶纹印
   花盘

6. 白釉莲瓣花草纹印
   花碗

5

6

1. 白釉连枝花草纹印花碗

2. 白釉菊花纹印花碗

3. 白釉菊花蕉叶纹印花碗

4. 白釉蕉叶回纹印花碗

1. 白釉蕉叶纹印花碗
2. 白釉莲瓣纹印花碗
3. 白釉花草回纹印花碗

1. 白釉菊花纹印花碗

2. 白釉水波纹印花碗

3. 白釉凤凰云纹印花碗

1

2

3

1. 白釉游鱼纹印花碗

2. 白釉如意几何纹印花盘

3. 白釉瓶花纹印花碗

1

2

3

4

1. 白釉人物纹印花碗

2. 白釉素面碗

3、4. 白釉碟

1

2

3

1. 器盖
2、3. 白釉划花碗

三、景德镇青白瓷

出土数量较多，质地优良。

青白釉为大宗，包括少量白瓷。胎质洁白细腻，烧制火候较高。

器形以各类碗为主，包括高足碗、饼足碗、花瓣口碗、斗笠碗等，还可见少量花口浅腹盘、高足盘、器盖及枕等。器表以素面为主，可见少量的线刻装饰，部分碗外底部墨书单个汉字。

青白釉碗

残。侈口，尖圆唇，斜弧腹，高圈足（圈足脱落）。通体施青白釉，釉面有细小冰裂纹。外底露胎，胎质灰白，质地紧密。口径16.4厘米，底径5厘米，残高7.1厘米。

青白釉盘

四出花瓣口，圆唇，斜弧腹，平底内凹，通体施青白釉。外底部露胎，胎体斑驳，含杂质较多。口径11厘米，底径4.5厘米，高1.5厘米。

青白釉碗

口沿稍残。四出花瓣口，圆唇，斜弧腹，圈足。通体施青白釉，内壁刻花。外底部露胎，胎体斑驳，含杂质较多。口径20.5厘米，底径5.7厘米，高5.8厘米。

青白釉碗

侈口,圆唇,斜弧腹,圈足。通体施青白釉,
腹部和内壁饰皲裂纹。口径17厘米,底径
5.2厘米,高5.5厘米。

青白釉斗笠碗

侈口,圆唇,斜弧腹,高圈足。通体施青白
釉,外底部露胎,胎体斑驳,含少量杂质。口
径17厘米,底径5厘米,高8厘米。

青白釉高足碗

侈口，圆唇，斜弧腹，高圈足。通体施青白釉，足壁内侧和外底部露胎，胎体斑驳，含杂质较多。口径11厘米，底径5.5厘米，高6.5厘米。

青白釉碗

侈口，圆唇，斜弧腹，高圈足。通体施青白釉，釉层较薄，露出胎体杂质。足壁内侧和外底部露胎，胎体斑驳，含杂质较多。口径16厘米，底径4.5厘米，高8厘米。

青白釉盘

六出花瓣口，圆唇，浅腹折收，平底内凹。通体施青釉，釉面有细密开片。外底部露胎，胎呈黄褐色，胎质细腻，含杂质较少，附着炉渣。口径11.5厘米，底径3.7厘米，高1.3厘米。

青白釉碗

六出花瓣口,圆唇,斜弧腹,圈足。通体施青白釉,内壁刻花。足跟、足壁及外底部露胎,胎体斑驳,含杂质较多。口径17.3厘米,底径5厘米,高5.2厘米。

青釉碗

侈口,圆唇,斜弧腹,圈足。通体施青釉,釉层较薄。内壁及外腹部装饰模印划花水波纹。足跟、足壁及外底部露胎,胎体斑驳,含杂质较多。口径17.3厘米,底径5.5厘米,高4.8厘米。

白釉盘

六出花瓣口,圆唇,浅腹折收,高圈足。通体施白釉,外底部露胎,胎呈黄褐色,胎质细腻,含杂质较少。口径15.2厘米,底径5厘米,高3.5厘米。

高足碗

残。敞口，卷沿，斜腹，平底，高圈足。通体施青白釉，釉质莹润。足径4.9厘米，高7.5厘米。

高足碗

敞口，尖圆唇，斜深腹，口沿处壁薄，越往下壁渐厚。圈足较矮，足壁直。通体施青白釉。口径14.7厘米，底径5.2厘米，高8.8厘米。

器盖

器壁模印呈菊瓣状，中间一道凹弦纹。白胎，青白釉，口沿处脱釉。残长3厘米。

1

2

3

4

1. 碟

残。敞口，浅盘，平底，
内底心上凸，边缘下
凹。胎质洁白。高2.2
厘米。

**2. 白釉"吉"字划花
碗底**

3. 青白釉高圈足碗

仅存器底部分。外壁
有细密开片，外底部露
胎，墨书文字。

4. 青白釉圈足碗

仅存器底部分。内壁
刻划花，施青白釉。圈
足，足壁、外底部露胎。

1

2

3

1. **青白釉高圈足碗**
   仅存器底部分。内壁
   有皲裂纹。高圈足，外
   底部露胎。

2. **青白釉圈足盘**
   仅存器底部分。通体
   施釉，内底饰一周凹弦
   纹。近似假圈足，外底
   部露胎。

3. **青白釉圈足盘**
   仅存器底部分。通体
   施釉，内底外周一圈凹
   弦纹。近似假圈足，外
   底部露胎。

1   2   3

1. 青白釉圈足器底
　釉面有开片，外底部露胎，墨书"岳"字。

2. 青白釉圈足器底
　施青白釉，底足露胎，底部墨书。

3. 青白釉高圈足器底
　外壁满釉，釉面有开片，圈足脱落，底足露胎，底部墨书"张丘"。

4. 底部墨书内容

4

1

2

3

4

1. 青白釉瓷枕残片

2. 青白瓷器盖
　器盖正面细线刻划花
　纹，正上方有钮，已损
　坏。器盖外部通体施
　釉，内部仅下半部施
　釉。口径12.7厘米，高
　4.3厘米，厚0.8厘米。

3. 高足杯底
　通体施白釉，釉层较
　薄，杂质较多。内底部
　刻划"×"记号。

4. 青白釉瓷炉残件

5. 青白釉瓷圈足瓶残件

6. 青白釉瓜棱圈足瓶

5

6

四、临汝窑青瓷

出土数量较多，产品面貌较为一致。以青釉小圈足碗为主，还可见少量花瓣口碗、浅腹盘等。部分器物釉面青中闪黄或呈现白色结晶。大部分小圈足碗，足跟及外腹下部露胎，胎体以灰白色为主，杂质较少，较为致密。釉面多粘结大量炉渣，釉面残留不规则则铁锈斑。

器表以素面为主，可见部分印花装饰。花纹布局较繁密，以各类花卉放为主，还包括少量划花、细弦纹等装饰内容。

青釉碗

侈口，厚圆唇，斜直腹，小圈足。通体施釉，釉面有皲裂纹，仅足跟露胎，附着炉渣。口径12厘米，底径3.2厘米，高5厘米。

青釉碗

残。侈口,厚圆唇,斜鼓腹,小圈足。通体施青釉,残留铁锈痕迹。底部粘连垫泥。口径15厘米,底径3厘米,高4.5厘米。

青釉碗

残。侈口，厚圆唇，斜鼓腹，小圈足。通体施青釉，釉面有细密皲裂纹，残留铁锈痕迹。足壁、外底露胎，胎体呈灰色，附着炉渣。口径12.3厘米，底径3.5厘米，高4.3厘米。

青釉碗

残。侈口，圆唇，斜直腹，小圈足。通体施青釉，釉层较薄，露出胎体杂质。外壁施半釉。内底残留五个支钉痕迹。口径19厘米，底径6厘米，高6.5厘米。

青釉碗

残。侈口，厚圆唇，斜鼓腹，小圈足。通体施青釉，外底露胎。口径11厘米，底径3厘米，高4.5厘米。

青釉碗

残。侈口，厚圆唇，斜鼓腹，小圈足。通体施青釉，足跟露胎。口径11厘米，底径3厘米，高4.5厘米。

青釉碗

残。侈口，厚圆唇，斜鼓腹，小圈足。通体施青釉，足壁与外底露胎，胎体斑驳，附着炉渣。口径11.8厘米，底径3厘米，高4.5厘米。

青釉碗

侈口，厚圆唇，斜鼓腹，小圈足。通体施青釉，釉面有细密皲裂纹，足跟露胎。口径10.5厘米，底径2.8厘米，高4.5厘米。

青釉碗

残。侈口，厚圆唇，斜鼓腹，小圈足。通体施青釉，釉面残留铁锈痕迹。足跟露胎，胎体斑驳。口径11厘米，底径2.9厘米，高5.1厘米。

青釉碗

残。敞口，圆唇，斜鼓腹，圈足。釉层较薄，露出胎体杂质。外壁下腹部不施釉。口径11.6厘米，底径4.8厘米，高3.5厘米。

青釉碗

残。侈口，厚圆唇，斜鼓腹，小圈足。通体施青釉，釉面有细密皲裂纹，釉面残留铁锈痕。足跟露胎，胎体灰白。口径11.5厘米，底径2.9厘米，高4.7厘米。

青釉碗

残。敞口，圆唇，斜直腹，圈足。通体施青釉，圈足釉层剥落。口径10.6厘米，底径3.7厘米，高3.9厘米。

青釉碗

残。侈口，厚圆唇，斜鼓腹，小圈足。通体施青釉，残留铁锈痕迹。口径10厘米，底径2.6厘米，高3.9厘米。

青釉碗

残。侈口，厚圆唇，斜直腹，小圈足。通体施青釉，足跟露胎，胎体灰白。口径11.7厘米，底径3厘米，高4厘米。

青釉碗

残。侈口，厚圆唇，斜鼓腹，小圈足。通体施青釉，外壁釉层较薄，露出胎体杂质。足跟露胎。口径11.3厘米，底径3.3厘米，高4.3厘米。

青釉碗

残。敞口，厚圆唇，斜直腹，小圈足。通体施青釉，釉面斑驳。足跟露胎，胎体黄褐色，杂质较多。口径9.8厘米，底径3.2厘米，高3.6厘米。

青釉碗

残。侈口,厚圆唇,斜直腹,小圈足。通体施青釉。口径10.7厘米,底径3厘米,高3.4厘米。

青釉碗

残。侈口,厚圆唇,斜鼓腹,小圈足。通体施青釉。足跟露胎,胎体杂质较多。口径10厘米,底径3厘米,高3.5厘米。

青釉碗

残。侈口,厚圆唇,斜直腹,平底。施青釉,外壁下腹部不施釉。口径12厘米,底径3.6厘米,高3.5厘米。

青釉花口碗

残。侈口，尖唇，斜鼓腹，口部制作成五出花瓣口，圈足。施青釉，釉层较薄，足跟露胎。口径14.5厘米，底径6.6厘米，高3.2厘米。

青釉碗

侈口，厚圆唇，斜直腹，小圈足。通体施青釉，足跟露胎。胎体斑驳，残留铁锈斑。口径9厘米，底径2.6厘米，高2.7厘米。

青釉碗

敞口，圆唇，斜弧腹，小圈足。通体施青釉。足跟露胎，胎体青灰色，含杂质较多。口径10.8厘米，底径3厘米，高4.1厘米。

青釉碗

敞口，尖圆唇，唇外侧饰一道凹弦纹，鼓腹，圈足。通体施釉。口径13.5厘米，底径5.1厘米，高3.5厘米。

青釉碗

敞口，圆唇，斜弧腹，圈足。内壁及外腹部施青釉，内壁口沿下方饰凹弦纹一道。釉面分布较多虫眼。底足露胎，胎体呈香灰色，质地致密。口径15厘米，底径5.5厘米，高6.2厘米。

青釉盘

敞口，圆唇稍外翻，斜腹，小圈足。通体施青釉，釉面有细小皲裂纹。内壁接近底部有凸棱一道。足跟露胎。胎体呈红褐色，质地致密。口径16.2厘米，底径5.5厘米，高3.6厘米。

1

2

1. 青釉模印缠枝花碗

残。内壁模印缠枝花卉，内底菊花瓣中心刻"杨"字，外壁刻划放射状细线。圈足，足跟部分釉层剥落，胎体呈灰白色。残长12.1厘米，宽10.3厘米，高4.1厘米。

2. 青釉碗

残。通体施青釉，釉面有细密皲裂纹，外壁残留支钉痕。圈足，足跟露胎，胎体斑驳。

3. 青釉模印缠枝花碗

残。外壁刻划放射纹，内壁模印缠枝花草。侈口，厚圆唇。

3

1

2

3

1. 青釉碗

残。侈口，厚圆唇，斜直腹，小圈足。通体施青釉，釉面有皲裂纹。足跟露胎，附着炉渣。胎体呈灰白色。高5.5厘米。

2. 青釉碗

残。侈口，厚圆唇，斜鼓腹，小圈足。通体施青釉，釉面有皲裂纹。足跟露胎，胎体呈灰白色。底部附着炉渣。高3.9厘米。

3. 青釉碗

残。侈口，厚圆唇，斜鼓腹，小圈足。通体施青釉，釉面青中透闪白色结晶。足跟和外底露胎，胎体斑驳，残留铁锈痕迹。高3.1厘米。

1

2

1. 青釉碗

　　残。侈口，圆唇，斜鼓腹，小圈足。通体施青釉，部分釉面青中透闪白色结晶。足跟露胎，胎体呈灰白色。胎体斑驳，残留铁锈痕迹。高3.4厘米。

2. 青釉碗

　　残。侈口，厚圆唇，斜直腹，小圈足。通体施青釉，釉面有皲裂纹。足跟露胎，胎体呈灰白色。外壁残留铁锈斑。高3.8厘米。

3. 青釉碗

　　残。侈口，厚圆唇，斜鼓腹，圈足。通体施青釉，釉层较薄，露出胎体杂质，外壁下腹部不施釉。高4.1厘米。

3

1

2

3

1. 青釉碗

残。侈口,厚圆唇,斜鼓腹,小圈足。通体施青釉,釉面有皲裂纹,足跟及外底露胎,附着炉渣。胎体斑驳。高4.7厘米。

2. 青釉碗

残。侈口,厚圆唇,斜直腹,小圈足。通体施青釉,釉面有皲裂纹。足跟及外底露胎,附着炉渣。胎体斑驳,残留铁锈痕迹。高4.4厘米。

3. 青釉盘

残。敞口,尖唇,折沿,弧腹,圈足。通体施青釉,足跟露胎,附着炉渣。胎体斑驳,残留铁锈痕迹。高4.8厘米。

1

2

1. 青釉刻花碗
残。圈足。施青釉，内壁刻划简单莲瓣纹。

2. 青釉碗
残。侈口，厚圆唇，斜鼓腹，小圈足。通体施青釉，釉面呈现白色结晶。足跟露胎，附着炉渣。胎体斑驳，残留铁锈斑。口径10.5厘米，底径2.8厘米，高4.4厘米。

3. 青釉碗
残。侈口，圆唇，斜鼓腹，小圈足。通体施青釉，釉面有细密皲裂纹。足跟露胎，附着炉渣。高3.3厘米。

3

五、山东本地窑口瓷器

山东本地窑口瓷器品类庞杂，质地差异明显。包括白釉、褐釉、酱釉、黑釉、黄釉、绿釉以及少量绞胎、黄绿釉瓷器产品。其中，白釉瓷器所占比例最大，质量参差不齐，部分产品可见明显瑕疵。器形以各类碗最为常见，还包括部分炉、盏、罐、砚台和瓷塑等。器表以素面为主，少量器物装饰划花、剔花及堆塑等。可见少量唇部施黑釉的器物，部分褐釉印花碗质地较优良，碗内壁均装饰精美、繁冗的印花，较有时代、地域特点。此外，还出土少量的白釉绞胎、白釉堆塑产品，极大地丰富了山东地区的瓷器品种。

三足罐

子母口，方唇，弧腹，平底，三足。腹壁施青釉，沿下及近底部各饰一周乳丁纹。口径10厘米，腹径12.4厘米，底径11.4厘米，高4.5厘米。

白釉碗

侈口，圆唇，斜弧腹，圈足。内壁及外壁上腹部施化妆土，罩以透明釉。外壁下部及底足露胎，灰褐色胎体，质地斑驳，含杂质较多。口径16.5厘米，底径6.5厘米，高6.5厘米。

白釉碗

侈口，圆唇，斜弧腹，圈足。内底部残留四支钉痕，内壁及外壁上腹部施化妆土，罩以透明釉。外壁下部及底足露胎，灰褐色胎体，质地斑驳，含杂质较多。口径15厘米，底径7厘米，高5.5厘米。

白釉碗

侈口，圆唇，斜弧腹，圈足。内底部残留四支钉痕，釉层脱落严重。内壁及外壁上腹部施化妆土，罩以透明釉。外壁下部及底足露胎，黄褐色胎体，质地斑驳，含杂质较多。口径19.5厘米，底径6.5厘米，高6.5厘米。

白釉碗

侈口，圆唇，斜弧腹，圈足，内底部残留五支钉痕，内壁及外壁上腹部施化妆土，罩以透明釉。外壁下部及底足露胎，黄褐色胎体，质地斑驳。口径19.5厘米，底径6.5厘米，高6.5厘米。

白釉碗

侈口微敛，圆唇，斜弧腹，圈足。内底部残留
三支钉痕，通体施化妆土，罩以透明釉，足跟
不施釉。黄褐色胎体，质地细腻，含杂质较
少。口径21厘米，底径8厘米，高8.5厘米。

白釉碗

直口，圆唇，上腹近直，下腹斜收。圈足，内
壁及外腹部施化妆土，罩以透明釉。外壁下
部及底足露胎，黄褐色胎体，质地细腻，含杂
质较少。口径22厘米，底径10厘米，高9.5
厘米。

白釉碗

直口，圆唇，直壁，下腹斜内收。外壁近中部内凹一周，内壁及外腹上部施化妆土，罩以透明釉。内底部残留三支钉痕，外壁下部及底部露胎，胎体灰褐色，质地疏松。口径23.5厘米，底径10.1厘米，高12.3厘米。

白釉碗

直口，圆唇，上腹近直，下腹斜收，圈足。上腹部饰三周凸棱纹，外壁施化妆土，罩以透明釉。内壁、外壁下部及底足露胎，红褐色胎体，质地细腻，含杂质较少。口径8.4厘米，腹径11.5厘米，底径7厘米，高11.7厘米。

白釉碗

敞口，圆唇，斜弧腹。内壁及外腹上部施化妆土，罩以透明釉，外壁凹凸不平，可见明显拉坯痕迹。内底部残留四支钉痕，外底部有鸡心突，外腹下部及底足露胎，胎体灰白，较疏松。口径15.7厘米，底径6.3厘米，高7厘米。

白釉碗

残。敞口，圆唇，斜弧腹，圈足。内壁及外腹上部施化妆土，罩以透明釉，内底部残留五支钉痕。外腹下部及底足露胎。胎体红褐色，质地紧密。口径17.9厘米，底径5.8厘米，高7.4厘米。

白釉碗

侈口，圆唇，斜直腹，圈足。内壁及外腹部施化妆土，罩以透明釉。外壁下部及底足露胎，黄褐色胎体，质地斑驳，含杂质较多。口径11.5厘米，底径5.5厘米，高4.5厘米。

白釉碗

直口，圆唇，鼓腹，下部内收，宽圈足。内壁及外腹上部施化妆土，罩以透明釉，芒口，口沿残留釉层。外壁下部及底足露胎，胎体浅灰色，含杂质较多，外底部有鸡心突。口径21厘米，底径10.1厘米，高8.1厘米。

白釉碗

侈口，圆唇，斜弧腹，圈足。内壁及外腹部施化妆土，罩以透明釉，口沿釉层剥落。外壁下部及底足露胎，黄褐色胎体，质地斑驳，含杂质较多。口径20厘米，底径7厘米，高6.5厘米。

白釉碗

侈口，圆唇，斜弧腹，圈足。内壁及外壁上腹部施化妆土，罩以透明釉。外壁下部及底足露胎，黄褐色胎体，质地细腻，含杂质较少。口径21厘米，底径6.5厘米，高6.5厘米。

白釉碗

侈口，圆唇，斜弧腹，圈足。内壁及外壁上腹部施化妆土，罩以透明釉。外壁下部及底足露胎，灰褐色胎体，质地斑驳，含杂质较多。口径19.5厘米，底径6厘米，高6厘米。

白釉碗

敞口，圆唇，斜弧腹，圈足。内底部残留三支钉痕，内壁及外壁上腹部施化妆土，罩以透明釉。外壁下部及底足露胎，灰褐色胎体，质地斑驳，含杂质较多。口径12厘米，底径4.5厘米，高2.5厘米。

白釉碗

侈口，圆唇，斜弧腹，圈足。内壁及外壁上腹部施化妆土，罩以透明釉。外壁下部及底足露胎，灰褐色胎体，质地斑驳，含杂质较多。口径11.5厘米，底径5.5厘米，高4厘米。

白釉碗

敞口，圆唇，斜弧腹，圈足。内底部残留三支钉痕，内壁及外壁上腹部施化妆土，罩以透明釉。外壁下部及底足露胎，褐色胎体，质地粗糙，含杂质较多。口径10.5厘米，底径4.8厘米，高2.8厘米。

白釉盘

敞口,圆唇,斜弧腹,平底内凹。内壁及外壁上腹部施化妆土,罩以透明釉。外壁下部及底足露胎,黄褐色胎体,质地细腻。口径11厘米,底径6.5厘米,高1厘米。

白釉碗

敞口,圆唇,斜弧腹,圈足。内壁及外壁上腹部施化妆土,罩以透明釉。外壁下部及底足露胎,黄褐色胎体,质地斑驳,含杂质较多。口径11.5厘米,底径4厘米,高4.5厘米。

白釉碗

侈口,圆唇,斜弧腹,圈足。内底部残留三支钉痕,内壁及外壁上腹部施化妆土,罩以透明釉。外壁下部及底足露胎,黄褐色胎体,釉层较薄。口径12.4厘米,底径4.5厘米,

白釉盏

直口，圆唇，斜弧腹，圈足。内壁及外壁上腹部施化妆土，罩以透明釉。外壁下部及底足露胎，黄褐色胎体，质地细腻，含杂质较少。口径6.7厘米，底径2.2厘米，高5.2厘米。

白釉盏

敞口微敛，圆唇，斜弧腹，圈足。内壁及外壁上腹部施化妆土，罩以透明釉。外壁下部及底足露胎，黄褐色胎体，质地细腻，含杂质较少。口径6.5厘米，底径2.6厘米，高5.5厘米。

白釉碗

敞口，圆唇，斜弧腹，圈足。内壁及外壁上腹部施化妆土，罩以透明釉，口沿处釉层颜色较深。外壁下部及底足露胎，黄褐色胎体，含杂质较多。口径9.5厘米，底径4厘米，高2.4厘米。

白釉碗

敞口，圆唇，斜弧腹，圈足。内壁及外壁上腹部施化妆土，罩以透明釉，口部施黑釉，釉层脱落严重。外壁下部及底足露胎，黄褐色胎体，含杂质较多。口径13.6厘米，底径7厘米，高4.2厘米。

白釉花口碗

七出花瓣口，圆唇，斜弧腹，圈足。内壁及外壁上腹部施化妆土，罩以透明釉。外壁下部及底足露胎，黄褐色胎体，质地细腻，含杂质较少。口径7.2厘米，底径2.8厘米，高2.4厘米。

白釉盏

敞口，圆唇，斜直腹，近底部内收，矮圈足。内壁及腹上部施化妆土，罩以透明釉，碗内底部残留三支钉痕。下腹部及底足露胎，胎体呈灰褐色，质地较疏松。口径11.2厘米，底径3.8厘米，高2.6厘米。

白釉碗

残。敞口，圆唇，斜弧腹，圈足。内壁及上腹部施化妆土，罩以透明釉，釉面有细小冰裂纹，部分釉层较斑驳，内底部残留三支钉痕。下腹部及足底露胎，底部有一鸡心突。胎体黄褐色，含杂质较多。口径11.5厘米，底径3.6厘米，高3厘米。

白釉碗

残。敞口，圆唇，斜直腹，下腹部内收，圈足。腹外壁凹凸不平，有明显拉坯痕迹，内壁及外腹部施化妆土，罩以透明釉，内底残留四支钉痕，圈足及底部露胎。口径16.2厘米，底径6.2厘米，高6厘米。

白釉碗

敞口稍侈，圆唇，斜鼓腹，矮圈足。内壁及外腹部施釉，内壁中部饰一周凹弦纹。圈足及底部露胎，胎体灰白色，质地细腻。口径14.4厘米，底径6.3厘米，高3.4厘米。

白釉碗

敞口稍内敛,圆唇,斜直壁,近底部内收,圈足。内壁及外腹部施化妆土,整体罩以透明釉,内底残留支钉痕。口径16厘米,底径7.1厘米,高6.9厘米。

白釉碗

敞口,圆唇,斜弧腹。内壁及外腹上部施化妆土,罩以透明釉。外壁凹凸不平,可见明显拉坯痕迹,内底部残留四支钉痕。外腹下部及底足露胎,胎体灰白,较疏松。口径15.5厘米,底径5.4厘米,高6.1厘米。

白釉碗

敞口,圆唇,斜弧腹,小圈足。内壁及外腹上部施化妆土,罩以透明釉,内底残留四支钉痕。外腹下部及底足露胎,胎体灰白,质地疏松。口径15.4厘米,底径5.2厘米,高6.5厘米。

白釉碗

敞口，圆唇，斜弧腹，圈足。内壁及外壁上腹部施化妆土，罩以透明釉。外壁下部及底足露胎，黄褐色胎体，质地细腻，含杂质较少。口径12.9厘米，底径5厘米，高3.2厘米。

白釉碗

敞口，圆唇，斜弧腹，圈足。内壁及外壁上腹部施化妆土，罩以透明釉。外壁下部及底足露胎，灰褐色胎体，质地细腻，含杂质较少。口径17.8厘米，底径7.3厘米，高10.2厘米。

白釉碗

敞口，圆唇，鼓腹，圈足。内壁及外腹部上侧施化妆土，罩以透明釉，内底部残留四支钉痕。足底露胎，胎体黄褐色，质地粗糙。口径14厘米，底径6厘米，高5厘米。

白釉浅腹碗

敞口，圆唇，斜鼓腹，圈足。内底可见明显折痕，内壁及外壁上部施化妆土，罩以透明釉，内底部残留四支钉痕。外壁下腹部及底足露胎，可见明显拉坯痕迹，内壁底部有鸡心突。口径15.7厘米，底径6.4厘米，高3.4厘米。

白釉浅腹碗

敞口，圆唇，斜鼓腹，宽圈足。修整较规整，内底可见明显折痕，内壁及外壁上部施化妆土，罩以透明釉，内底部残留四支钉痕，有刻划"×"符号。外壁下腹部及底足露胎，可见明显拉坯痕迹。口径15.7厘米，底径6.4厘米，高3.4厘米。

白釉碗

敞口，圆唇，深弧腹，圈足。内壁及外腹上部施化妆土，罩以透明釉，内底残留支钉痕。外腹下部及底足露胎，胎体黄褐色，质地粗糙。口径20.5厘米，底径6.3厘米，高9厘米。

白釉小碗

敞口，圆唇，斜弧腹，圈足，内壁及外腹部施化妆土，罩以透明釉，唇部装饰黑色釉斑，内底残留四支钉痕。外壁下部及底足露胎，胎体黄褐色，含杂质较多。口径12.1厘米，底径5厘米，高5.5厘米。

白釉碗

敞口，圆唇，斜弧腹，圈足。唇部施黑釉，内壁及外壁上腹部施化妆土，罩以透明釉。外壁下部及底足露胎，黄褐色胎体，质地细腻，含杂质较少。口径11.8厘米，底径5.1厘米，高4.8厘米。

白釉碗

敞口，圆唇，斜弧腹，圈足。内底部残留四支钉痕，内壁及外壁上腹部施化妆土，罩以透明釉。外壁下部及底足露胎，黄褐色胎体，质地细腻，含杂质较少。口径13.4厘米，底径4.7厘米，高4.3厘米。

白釉碗

圆唇,斜弧腹,圈足。内底部残留四支钉痕,内壁及外壁上腹部施化妆土,罩以透明釉。外壁下部及底足露胎,灰褐色胎体,质地斑驳,含杂质较多。口径11.6厘米,底径4.5厘米,高3.3厘米。

白釉碗

敞口,圆唇,斜弧腹,高圈足。内壁及外壁上腹部施化妆土,罩以透明釉。外壁下部及底足露胎,红褐色胎体,质地细腻,含杂质较少。口径10.5厘米,底径4.5厘米,高6.5厘米。

白釉碗

敞口,圆唇,斜弧腹,高圈足。内壁及外壁上腹部施化妆土,罩以透明釉。外壁下部及底足露胎,红褐色胎体,质地细腻,含杂质较少。口径10.5厘米,底径4.5厘米,高4.2厘米。

白釉划花碗　　　　　　　　　　　白釉划花碗

白釉划花碗

残。敞口,圆唇,斜弧腹,圈足。器内壁及外壁上部施化妆土,内壁满釉,腹部施凹弦纹一道,近底部装饰简单划花。外壁施半釉,圈足及底部露胎。胎体灰褐色,含杂质较多。口径13厘米,底径4.5厘米,高3.9厘米。

白釉堆线花瓣碗

残。侈口,圆唇,斜鼓腹,圈足。内壁施满釉,采用化妆土纵向堆塑白色花瓣装饰,腹、底转折处饰凹弦纹一周。外壁不施釉,残留轮制痕迹。胎体灰白,质地致密。口径10.5厘米,底径4厘米,高3.5厘米。

白釉小碗

敞口,圆唇,斜弧腹,圈足。内壁及外腹上部施化妆土,罩以透明釉,唇部施黑釉。口径10.8厘米,底径4.4厘米,高2.9厘米。

白釉碟

敞口，圆唇，斜折腹，平底。内壁及外腹上部施化妆土，罩以透明釉，唇部施黑釉，内底部残留三支钉痕。外腹下部及底部露胎，胎体灰白色，杂质较多。口径12.1厘米，底径5厘米，高1厘米。

酱釉炉

残。直口，圆唇，宽唇下翻，直壁折腹，束腰，平底，足沿外翻。仅唇面施酱釉。内口径3.3厘米，外径8.2厘米，腹径4厘米，高6.1厘米。

白釉香炉

直口，圆唇，折沿，上腹近直，下腹斜收，平底内凹。外壁上腹部施化妆土，罩以透明釉。内壁、外壁下部及底足露胎，黄褐色胎体，质地细腻，含杂质较少。口径9厘米，底径4.1厘米，高6.3厘米。

白釉剔花炉

残。直口,圆唇,宽沿下翻,折腹,束腰,喇叭形足。通体施化妆土,罩以透明釉,沿面装饰剔刻细弦纹、锯齿纹。足底露胎,胎体黄褐色。内口径4厘米,外径12.2厘米,腹径4厘米,底径6厘米,高6厘米。

白釉炉

残。直口,圆唇,宽沿下翻,折腹,束腰,喇叭形足。通体施化妆土,罩以透明釉。足底露胎,胎体黄褐色。内口径5厘米,外径13.5厘米,腹径5厘米,底径6.2厘米,高9.8厘米。

白釉剔花炉

残。直口,圆唇,宽沿下翻,折腹,束腰,喇叭形足。通体施化妆土,罩以透明釉,釉面有细小冰裂纹。沿面装饰剔刻细弦纹、花瓣纹。足底露胎,胎体黄褐色。内口径4.3厘米,外径12.5厘米,腹径4.3厘米,底径5.8厘米,高6.2厘米。

白釉剔花炉

残。直口，圆唇，宽沿下翻，折腹，束腰，喇叭形足。通体施化妆土，罩以透明釉，沿面装饰剔刻细弦纹、锯齿纹。内壁、圈足底露胎，胎体黄褐色。内口径4.5厘米，外径13厘米，腹径4.5厘米，底径5.9厘米，高6.3厘米。

白釉划花炉

残。直口，圆唇，宽沿下翻，折腹出筋，束腰，喇叭形足，整体相对敦实。器物上部罩以透明釉，沿面装饰划花。内壁、圈足底露胎，胎体黄褐色。内口径5.8厘米，外径10.2厘米，腹径5.8厘米，底径4.8厘米，高3.7厘米。

白釉剔花炉

残。直口，圆唇，宽沿下翻，折腹，足部残。通体施化妆土，罩以透明釉，釉面有冰裂纹，沿面装饰剔刻细弦纹、锯齿纹。内口径3.5厘米，外径8.2厘米，腹径5.2厘米，底径5.2厘米，残高7.1厘米。

砚台

残。直口，圆唇，直壁，制作成锯齿状，圈底，圈足。内壁施黑釉，外壁施白釉，足跟及底部露胎，器壁一侧有穿孔。高4.1厘米。

白釉罐

直口，方唇，长颈，鼓腹，平底。内壁及外壁上腹部施化妆土，罩以透明釉。外壁下部及底足露胎，黄褐色胎体，质地细腻，含杂质较少。口径8.3厘米，腹径10.4厘米，底径5.5厘米，高6厘米。

白釉罐

直口，圆唇，短颈，鼓腹，平底。内壁及外壁上腹部施化妆土，罩以透明釉。内壁、外壁下部及底足露胎，黄褐色胎体，质地细腻，含杂质较少。口径10.5厘米，底径4.5厘米，高4.2厘米。

白釉罐

直口微敛，方唇，鼓腹，小平底。内壁及外壁上腹部施化妆土，罩以透明釉。外壁下部及底足露胎，灰褐色胎体，质地细腻，含杂质较少。口径3.5厘米，腹径5.1厘米，底径2厘米，高3.5厘米。

白釉小罐

口部残。鼓腹，近底部内收，小平底。内壁及外壁上腹部施化妆土，罩以透明釉。外壁下部及底足露胎，黄褐色胎体，质地斑驳，含杂质较多。腹径4.5厘米，底径3.5厘米，残高1.5厘米。

白釉单耳小罐

敛口，圆唇，束颈，鼓腹，近底部内收，小平底，颈部一侧附桥形耳。内壁及外壁上腹部施化妆土，罩以透明釉。外壁下部及底足露胎，黄褐色胎体，质地斑驳，含杂质较多。口径3.5厘米，腹径4.5厘米，底径2.5厘米，高4厘米。

白釉单耳小罐

直口微敛，圆唇，束颈，鼓腹，近底部内收，平底，颈部一侧附条形耳。内壁及外壁上腹部施化妆土，罩以透明釉。外壁下部及底足露胎，黄褐色胎体，质地斑驳，含杂质较多。口径3.6厘米，腹径4.5厘米，底径2.5厘米，高5.5厘米。

白釉唾盂

侈口，圆唇，束颈，鼓腹，平底。内壁及外壁
上腹部施化妆土，罩以透明釉，内壁及外壁
下部及底足露胎，黄褐色胎体，质地细腻，含
杂质较少。口径14厘米，腹径12.8厘米，底
径6.7厘米，高11.2厘米。

白釉小鸟

泥条捏塑，背部有一穿环。

褐釉碗

侈口，圆唇，斜直腹，圈足。通体施褐釉，内底有涩圈。外壁下部及底足露
胎，黄褐色胎体，质地细腻。口径15.5厘米，底径5.5厘米，高3.5厘米。

褐釉碗

侈口,圆唇,斜弧腹,圈足。内壁及外壁上腹部施釉,近底部不施釉。灰褐色胎体,质地斑驳,含杂质较多。口径12厘米,底径4厘米,高3厘米。

褐釉碗

侈口,圆唇,斜弧腹,圈足。内壁及外壁上腹部施釉,近底部不施釉。黄褐色胎体,质地细腻,含杂质较少。口径11厘米,底径4厘米,高3厘米。

褐釉碗

侈口,圆唇,斜弧腹,圈足。内壁及外壁上腹部施釉,近底部不施釉,内底部有涩圈。黄褐色胎体,质地细腻,含杂质较少。口径10厘米,底径4厘米,高2厘米。

褐釉印花碗

侈口，圆唇，斜弧腹，圈足。内壁模印八瓣花，底部有涩圈。外壁下部及底足露胎，灰褐色胎体，杂质较多。口径15.5厘米，底径6厘米，高6厘米。

褐釉印花碗

侈口，圆唇，斜弧腹，圈足。内壁模印八瓣花，底部有涩圈。外壁下部及底足露胎，灰褐色胎体，质地斑驳，杂质较多。口径16.5厘米，底径6.5厘米，高6.5厘米。

褐釉印花碗

敞口,圆唇,斜弧腹,圈足。内壁模印缠枝花,底部有涩圈。外壁下部及底足露胎,灰褐色胎体,质地斑驳,含杂质较多。口径10.3厘米,底径4.7厘米,高4.5厘米。

褐釉印花碗

敞口,圆唇,斜弧腹,圈足。内壁模印缠枝花,底部有涩圈。外壁下部及底足露胎,灰褐色胎体,质地斑驳,含杂质较多。口径10.8厘米,底径4厘米,高3.8厘米。

褐釉印花碗

敞口，圆唇，斜弧腹，圈足。内壁模印龙纹缠枝花卉，底部有涩圈。外壁下部及底足露胎，灰褐色胎体，质地斑驳，含杂质较多。口径15.5厘米，底径5厘米，高6厘米。

褐釉印花碗

敞口，圆唇，斜弧腹，圈足。内底部中央模印仰莲花瓣纹，外侧模印、刻划连枝瑞兽纹，内底部有涩圈。外壁下部及底足露胎，灰褐色胎体，质地斑驳，含杂质较多。口径15.8厘米，底径4.3厘米，高3厘米。

褐釉印花碗

敞口,圆唇,斜弧腹,圈足。内底部中央模印仰莲花瓣纹,外侧刻划花鸟纹,内底部有涩圈。外壁下部及底足露胎,灰褐色胎体,质地斑驳,含杂质较多。口径17.1厘米,底径5.7厘米,高4.2厘米。

褐釉印花碗

敞口,圆唇,斜弧腹,圈足。内壁上部模印飞鸟纹,内底部有涩圈。灰褐色胎体,质地斑驳,含杂质较多。口径16.1厘米,底径5.9厘米,高4.2厘米。

褐釉印花碗

敞口,圆唇,斜弧腹,圈足。内壁模印花草纹,内底部有涩圈。外壁下部及底足露胎,灰褐色胎体,质地斑驳,含杂质较多。口径16.5厘米,底径5厘米,高5.7厘米。

褐釉印花碗

敞口，圆唇，斜弧腹，圈足。内壁模印花纹，内底部涩圈。外壁下部及底足露胎，灰褐色胎体，质地斑驳，含杂质较多。口径15.9厘米，底径6.2厘米，高7.1厘米。

酱釉碗

侈口，圆唇，斜弧腹，圈足。内底部有涩圈。外壁下部及底足露胎，黄褐色胎体，质地细腻，含杂质较少。口径18厘米，底径6.5厘米，高6.5厘米。

酱釉碗

侈口，圆唇，斜弧腹，圈足。外壁下部及底足露胎，黄褐色胎体，质地细腻，含杂质较少。口径11.5厘米，底径4厘米，高3.5厘米。

酱釉小盏

敞口，圆唇，斜直腹，小圈足。内壁及外腹部施釉，底足露胎。胎体灰白，质地细腻。口径10.2厘米，底径3厘米，高3.6厘米。

酱釉盏

敞口微侈，圆唇，斜直腹，近底部内收，小圈足。内壁及外腹上部施釉，外腹下腹及底足露胎。胎体黄褐色，含杂质较多。口径11.7厘米，底径3.8厘米，高4.2厘米。

酱釉碗

残。敞口，圆唇，斜弧腹，圈足。外壁下部及底足露胎，灰褐色胎体，质地斑驳，含杂质较多。口径15厘米，底径4厘米，高7厘米。

酱釉碗

敞口，圆唇，斜弧腹，圈足。外壁下腹部及底足不施釉。黄褐色胎体，质地细腻，含杂质较少，底部墨书"论"字。口径10.4厘米，底径3.2厘米，高3.3厘米。

酱釉碗

敞口,圆唇,斜弧腹,圈足。内底部有涩圈。外壁下部及底足露胎,黄褐色胎体,质地斑驳,含杂质较多。口径10.5厘米,底径3.3厘米,高3.7厘米。

酱釉碗

敞口,圆唇,斜弧腹,圈足。外壁下部及底足露胎,内底部有涩圈。黄褐色胎体,质地斑驳,含杂质较多。口径9.5厘米,底径4.5厘米,高2厘米。

酱釉碗

敞口,圆唇,斜弧腹,圈足。外壁下部及底足露胎,黄褐色胎体,质地斑驳,含杂质较多。口径11.5厘米,底径4.6厘米,高2.5厘米。

酱釉碗

敞口，圆唇，斜弧腹，圈足。外壁下部及底足露胎，内底部残留四支钉痕。黄褐色胎体，质地斑驳，含杂质较多。口径11.5厘米，底径4.2厘米，高2.5厘米。

酱釉碗

侈口，圆唇，斜弧腹，圈足。外壁下部及底足露胎，内底部残留三支钉痕。黄褐色胎体，质地斑驳，含杂质较多。口径10.7厘米，底径4厘米，高3厘米。

酱釉碗

敞口，圆唇，斜弧腹，圈足。外壁下部及底足露胎，黄褐色胎体，质地粗糙，含杂质较多。口径10.4厘米，底径4厘米，高4.1厘米。

酱釉碗

敞口，圆唇，斜弧腹，圈足。外壁下部及底足露胎，内底部残留三支钉痕。黄褐色胎体，质地粗糙，含杂质较多。口径11.2厘米，底径4.6厘米，高4.6厘米。

酱釉双系罐

直口,圆唇,束颈,鼓腹,平底。外壁下部及底足露胎,黄褐色胎体,质地细腻,含杂质较少。口径8.4厘米,腹径11.5厘米,底径5.7厘米,高11.7厘米。

姜黄釉盘

侈口,圆唇,浅腹,圈足。外壁下部及底足露胎,黄褐色胎体,质地斑驳,含杂质较多。口径12.5厘米,底径5厘米,高2厘米。

姜黄釉碗

敞口，圆唇，斜弧腹，圈足。内腹部模印花纹，内底部有涩圈。外壁下部及底足露胎，黄褐色胎体，质地粗糙，含杂质较多。口径7厘米，底径5.5厘米，高6厘米。

姜黄釉印花碗

敞口，圆唇，斜弧腹，圈足。内壁底部中央模印莲瓣纹，外侧围绕连枝花纹，内底部涩圈。外壁下部及底足露胎，黄褐色胎体，质地斑驳，含杂质较多。口径16.3厘米，底径6厘米，高4厘米。

姜黄釉印花碗

敞口,圆唇,斜弧腹,圈足。内底部中央模印莲瓣纹,外侧围绕连枝花纹,内底部涩圈。外壁下部及底足露胎,黄褐色胎体,质地斑驳,含杂质较多。口径16.5厘米,底径6厘米,高3.5厘米。

黑釉碗

侈口,圆唇,斜弧腹,圈足。内底部残留三支钉痕。外壁下部及底足露胎,黄褐色胎体,质地细腻,含杂质较少。口径13厘米,底径5.5厘米,高2.5厘米。

黑釉碗

侈口，圆唇，斜弧腹，圈足。内底部有涩圈。外壁下部及底足露胎，黄褐色胎体，质地细腻，含杂质较少。口径10厘米，底径4厘米，高2厘米。

黑釉碗

侈口，圆唇，斜弧腹，圈足。内底部有涩圈。外壁下部及底足露胎，黄褐色胎体，质地细腻，含杂质较少。口径16厘米，底径5.8厘米，高3.5厘米。

黑釉碗

侈口，圆唇，斜弧腹，圈足。内底部有涩圈。外壁下部及底足露胎，黄褐色胎体，质地斑驳，含杂质较多。口径17厘米，底径6厘米，高2.5厘米。

黑釉小罐

敞口，圆唇，束颈，上腹近直，下腹斜收，平底，颈部附双耳。外壁下腹部不施釉，釉面有酱斑。灰褐色胎体，质地细腻，含杂质较少。口径5.5厘米，腹径7.1厘米，底径4.5厘米，高6厘米。

黑釉碗

敛口，圆唇，鼓腹，近底部内收，平底。外壁下部及底足露胎，黄褐色胎体，质地细腻，含杂质较少。口径4.2厘米，腹径5.25厘米，底径3厘米，高3.5厘米。

黑釉碗

敞口，圆唇，斜弧腹，圈足。外壁下部及底足露胎，黄褐色胎体，质地斑驳，含杂质较多。口径12厘米，底径4.5厘米，高4.2厘米。

黑釉罐

直口，方圆唇，上腹近直，下腹斜收，平底。外壁下部及底足露胎，黄褐色胎体，质地细腻，含杂质较少。口径10厘米，底径6厘米，高8.2厘米。

黑釉碗

敞口，圆唇，斜弧腹，圈足。外壁下部及底足露胎，黄褐色胎体，质地细腻，含杂质较少。口径11厘米，底径4.1厘米，高5厘米。

黑釉堆线纹花口瓶

下部残。六出花瓣口，束颈，丰肩。肩部以下等距离装饰粉杠，通体施黑釉。口径8.9厘米，残高12厘米。

白釉堆线纹瓷片

青釉碗

侈口,圆唇,斜弧腹,圈足。内底部残留三支钉痕。外壁下部及底足露胎,黄褐色胎体,质地细腻,含杂质较少。口径10.5厘米,底径3.5厘米,高4厘米。

青釉浅腹碗

敞口,圆唇,斜弧腹,圈足。内底部有涩圈,内壁模印莲瓣纹、动物纹。外腹下部及底足露胎,胎体红褐色。口径16厘米,底径5.6厘米,高4.6厘米。

青釉浅腹碗

敞口,圆唇,斜弧腹,圈足。内底部有涩圈,内壁模印莲瓣纹、动物纹。外腹下部及底足露胎,胎体红褐色。口径17.4厘米,底径5.4厘米,高4.4厘米。

酱釉碗

敞口，圆唇，斜弧腹，圈足。底足不施釉。黄褐色胎体，质地细腻，含杂质较少。口径8.9厘米，底径3.5厘米，高4厘米。

青釉盅

敞口，圆唇，斜弧腹，平底。外壁下部及底足露胎，黄褐色胎体，质地斑驳，含杂质较多。口径3.8厘米，底径2.5厘米，高1.3厘米。

黄釉绞胎钵

敛口，圆唇，斜弧腹，平底。通体罩以透明釉。灰褐色胎体，质地细腻。口径11.5厘米，底径6.8厘米，高5厘米。

绿釉小瓶

残。侈口，尖圆唇，卷沿，束颈，鼓腹，平底内凹，颈部附条形耳，稍残，腹部附条形流，仅存极小部分。施绿釉。外壁下部及底足露胎，黄褐色胎体，质地细腻，含杂质较少。腹径4.2厘米，底径2厘米，高7厘米。

绞胎瓷片

绿釉人物瓷塑

绿釉瓷钉

黄绿釉瓷枕残片

黄绿釉狮子灯

由上、下两部分组成。上部为灯盘，敛口，斜宽折沿，深腹；下部为灯座，制作成仰首站立狮子状，狮头及背部支撑上部灯盘，狮尾上翘，连接灯盘侧壁，形成灯把手。灯盘沿面施绿釉，灯盘腹部及狮座施黄釉，狮足残缺。整个灯盏器形紧凑，造型别致。

六、其他窑口瓷器

黑釉碗

侈口，圆唇，斜直腹，圈足。通体仅外壁下腹部不施釉，釉层较厚，伴有垂釉现象。釉面呈现兔毫窑变。黑灰胎。口径10.5厘米，底径3.5厘米，高4厘米。

黑釉碗

敞口，尖圆唇，斜直腹，小圈足。通体施黑釉，釉层较厚，内壁釉面伴有窑变油滴现象。圈足部分釉层剥落，黄褐胎。口径18.1厘米，底径5.5厘米，高7厘米。

黑釉碗

敞口,尖圆唇,斜直腹,小圈足。厚釉,外壁施半釉,内壁釉面伴有
窑变油滴现象。口径17厘米,底径5.5厘米,高6厘米。

白釉剔刻花碗

残。敞口，圆唇，斜鼓腹，圈足稍外撇。内壁及外腹上部施化妆土，其上罩以透明釉，外壁下腹及底部不施釉。内底中心剔刻对称四瓣叶脉纹，其外散刻三道细弦纹，再外侧刻仰莲纹及三道细弦纹。

白釉黑花盘

仅存盘底，内底中央黑釉绘花草纹。

天青釉瓷片

七、建筑构件

建筑构件出土数量较多，种类较丰富，囊括瓦当、板瓦、宝珠、脊兽、门砧等。其中，瓦当以各类兽面纹为主，包括少量莲花纹瓦当，采用模制成形，当面纹饰细部流畅。各类脊兽采用模制、浮雕与线刻结合，轮廓鲜明，形象生动。

兽面瓦当

残。泥质灰陶，瓦当正面模印兽面纹，前额附着一对柱状犄角。兽面外侧饰卷云纹。

兽面瓦当

残。泥质灰陶，瓦当正中模印兽面纹，前额附着一对"八"字形犄角，犄角上挑，犄角间有鬃，两眉呈"八"字形上挑，圆眼，嘴作咧状，上下各两颗门牙，唇下有须。

兽面瓦当

残。泥质灰陶，瓦当正面模印兽面纹，额顶一柱状犄角，犄角两侧有卷云状毛发，两眉呈倒"八"字形，圆眼，朝天鼻，兽面外侧饰数道散射状凸棱。

兽面瓦当

残。泥质灰陶,瓦当模印兽面纹,额际两犄角弯曲向下,两眉呈倒"八"字形,末端弯曲,圆眼,圆鼻孔,嘴作咧状。

兽面瓦当

残。泥质灰陶,瓦当模印兽面纹,额际有一对柱状犄角,两眉末端弯曲,圆眼,圆鼻孔,口中有多颗锋利牙齿,上门牙较其他牙齿尤为凸出。兽面外侧饰数道散射状凸棱。

兽面瓦当

残。泥质灰陶,瓦当正中堆塑有兽面造像,磨损较严重。

兽面瓦当

残。泥质灰陶，瓦当正面模印兽面纹，额际一对柱状犄角，圆眼，嘴作咧状，牙齿呈圆形，下颌有密集胡须，末端皆弯曲。

兽面瓦当

残。泥质灰陶，瓦当正中堆塑有兽面纹，额际一对柱状犄角，两眉呈倒"八"字形，圆眼。

兽面瓦当

残。泥质灰陶，瓦当正中堆塑有兽面造像，额际两犄角两端向上弯曲，圆眼，圆鼻孔，嘴作咧状。

兽面瓦当

残。泥质灰陶，瓦当正中堆塑兽面纹，额际两犄角两端向上弯曲，圆眼，圆鼻，嘴大张。

兽面瓦当

保存完整。泥质灰陶，当面整体堆塑狮子头造像。

莲花纹瓦当

残。泥质灰陶，当面饰一朵七瓣莲花。

建筑构件

泥质灰陶，残留眼睛部分。

建筑构件

泥质灰陶，残留动物躯体以及头部，采用细线刻划鳞片、胡须部分。

建筑构件

泥质灰陶,残存眼珠、眼睑部分。

建筑构件

泥质灰陶,残存眼珠、眼睑部分。

犄角

残。泥质灰陶,整体呈弯刀形,侧面饰两道
细线纹,近尾端处有一凸起。

建筑构件

残。泥质灰陶,整体呈亚腰状,表面饰多道
刻划纹。

板瓦

泥质灰陶，外切，内面残留布纹，长30厘米。

板瓦

泥质灰陶，外切，瓦面残留轮制痕迹，长32厘米。

门砧砖

采用青灰砖制成，砖面一端凿有直径7厘米的圆窝，原放置门枢。砖残长15厘米。

八、钱币

海北遗址集中出土钱币数量较大，总体保存质量较差。主要为各年号铜钱，还包括部分铁钱。

其中，铜钱年号以北宋为主，囊括北宋初至北宋晚期多数年号，可见祥符通宝、太平通宝、咸平元宝、元丰通宝、至道元宝、天圣元宝、大观通宝、至和元宝、元祐通宝、淳化元宝、天禧通宝、治平元宝、绍圣元宝、宋元通宝、崇宁重宝、元丰通宝、宣和通宝、至和通宝、熙宁元宝、熙宁重宝、祥符元宝、景祐元宝、皇宋通宝、嘉祐元宝、五铢钱等。另外，还出土少量开元通宝等。部分铁钱锈蚀程度较深，残损严重，难以辨别。

宋元通宝

太平通宝

淳化元宝

 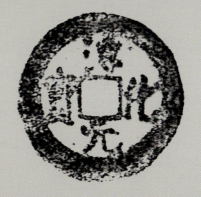

淳化元宝

至道元宝

至道元宝

咸平元宝

祥符元宝

祥符通宝

祥符通宝

天圣元宝

天圣元宝

景祐元宝

景祐元宝

 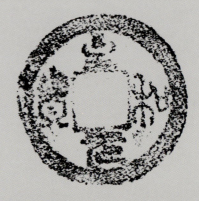

至和元宝

至和元宝

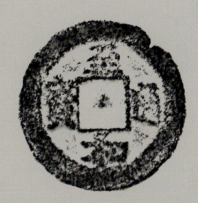

至和通宝

治平元宝

熙宁元宝

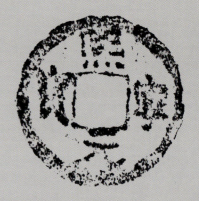

熙宁元宝

熙宁重宝

元祐通宝

崇宁重宝

宣和通宝

九、其他遗物

瓷器、建筑构件及钱币以外，海北遗址还出土大量日常生活用具，包括陶器、骨角器、石器以及少量琉璃制品等。其中，陶器数量较多，包括盆、罐、扑满、钵、箸筒、砚台等，基本囊括日常生活所需各类器物。[1]出土部分陶范，主题丰富，制作精美，颇具特点。骨角制品较为精美，色子、骨簪、梳子等，均残留有使用痕迹。此外，出土一件石范，较为少见，[2]为进一步判断海北遗址的内容、性质提供资料。

灰陶盆

泥质灰陶，敞口，圆唇，折沿，斜弧腹，平底，素面。轮制，内外壁均可见轮制痕迹。口径24.5厘米，底径9厘米，高11厘米。

灰陶盆

泥质灰陶，敞口，尖圆唇，折沿，斜腹，小平底，素面。轮制，内外壁均可见轮制痕迹。口径23.2厘米，底径8.5厘米，高6.4厘米。

直领罐

泥质灰陶，直口，圆唇，平沿，高领，短腹，腹部微鼓，大平底。口径26.7厘米，底径30.4厘米，高18厘米。

双耳罐

夹砂黄褐陶,敞口,方唇,卷沿,短束颈,颈下部附一对桥形耳,直腹,腹下部斜收,饼足。口径21厘米,底径14厘米,高33.2厘米。

陶罐

泥质灰陶,敛口,溜肩,鼓腹,饼足,肩部有六个对称把手。

陶罐

泥质红陶,敛口,鼓肩,斜腹,平底,肩部有六个对称把手,其间作锯齿形。

陶钵

夹砂黄褐陶，敛口，溜肩，鼓腹，平底。腹部刻划水波纹、游鱼和水草，生动形象。

扑满

泥质灰陶，弧顶，顶端开一道狭口，丰肩，斜鼓腹，腹中部有一孔，下腹聚敛，平底。

扑满

青灰色陶，弧顶，顶端开一道狭口，丰肩，弧腹，腹中部有一孔，下腹斜收。外壁有明显的轮制痕迹，底部残缺。

箸筒

泥质灰陶，直口，圆唇，平底。底、腹转折处装饰凸棱，表面压印绳纹，底部穿透若干小孔。

箸筒

泥质青灰陶，口部残。直腹，平底。腹中部装饰一道凸棱，近底部装饰两道，底部穿透若干小孔。

陶砚

平面呈长方形簸箕状，内底部高低不一，砚首残缺，侧壁有折痕。

陶俑

泥质红陶，头部残缺。身着对襟长袍站立，
腰束带，肩部右斜挎一花结，右手托一球状
物至胸前，左手侧垂，大拇指插入花结内。
衣物褶皱、装饰较模糊。

陶围棋子

分为黑、白二色，均呈圆饼状。表面光滑，部
分棋子上模印图案。

象棋子

褐陶，外施白色陶衣，正面有楷书"炮"字，
残缺。

陶范残件

泥质红陶，内凹一面为浅浮雕反向龙纹形象。

陶范残件

泥质红陶，内凹一面为反向老翁面部造型。

陶范残件

泥质红陶,内凹一面为反向男子上半身造型。头束巾,长须及胸,深目,高鼻,面部转向一侧。

陶范残件

泥质红陶,内凹一面为反向菩萨侧面造型。肉髻高耸,垂耳,鼓眼,高鼻,轮廓清晰,栩栩如生。

陶范残件

泥质红陶,内凹一面似为反向伞盖物品,因残缺,纹样内容不清。

钱范样

其中一枚印文"景德元宝"，为阴刻反书。

石范

整体采用青石加工而成，一面阴刻有联珠纹图案，边缘保留有榫卯结构凹槽。长15.3厘米，宽8厘米。

石凿

采用砾石磨制而成。一端磨制加工成双面刃，一端平顶。长17.5厘米，宽3.9厘米，厚2.3厘米。

琉璃饰品

骨簪

整体磨制较精细，一端较宽，向另一端渐细，截面为三角形。长16厘米。

管状骨器

整体采用动物骨骼加工而成，一端渐细。中空，表面装饰若干道细弦纹。

色子

共6枚，采用动物骨骼加工而成。立方体，六面分别凿有1～6点数。通体光滑，棱角经打磨为弧边。

角梳

整体呈新月状，内凹一侧加工45枚梳齿。

石网坠

整体呈亚腰形，磨制光滑。

吊坠

整体呈梯形，磨制光滑，顶端侧面对穿一孔。

石球

加工精制，造型规整。直径2～3.2厘米不等。

结　语

　　2006年，海北遗址正式走入公众的视野，至今已十年有余。匆匆十年间，从当地人眼中的"疙瘩顶"，到成为追述垦利地区人居历史的重要证据，海北遗址逐渐被当地乃至学术界所关注。期间，当地文化、文物部门也开展数次考古、研讨工作，探究遗址的文化面貌、历史意义等深层次问题。2006年11月至12月，对该遗址进行的首次考古发掘，获得大量品种丰富、质地优良的遗物，包括瓷器、陶器、建筑构件、钱币、玉石以及骨器等，基本涵盖日常生活中所能使用的器皿、工具等。特别是大量瓷器，窑口众多，品质参差不齐，其中不乏各窑口瓷器精品；同时，清理部分与人们日常生产、生活相关的遗迹，包括夯土层、炉灶、房基、建筑基址、灰坑、灰沟、瓦片堆积等，极大丰富了海北遗址文化内涵。此后，2011～2012年间，为配合"东营宋金码头大遗址保护"和垦利县博物馆建设规划，全面了解海北遗址的分布范围、各遗迹的大致布局，为下一步进行大遗址"保护、利用、规划"提供科学的勘探资料，垦利县博物馆对海北遗址及其周边进行了全面钻探和部分区域的试掘工作。2015年12月，垦利县文广新局、垦利县博物馆召开"海北遗址发现十周年暨中国早期海上丝绸之路起源"学术研讨会，邀请国内外专家对海北遗址的性质、内容、保护等方面展开学术交流、研讨，进一步明确对海北遗址的认识和文化内涵的把握。

　　海北遗址考古工作对判定该遗址性质、解读宋元时期南北方瓷器交流以及探究"东方海上丝绸之路"贸易渠道等都具有重要意义。历史上，环渤海地区一直与朝鲜半岛、日本列岛关系密切，文化互动频繁。唐宋之际，官方与民间贸易往来更是如火如荼，在物质、文化与技术领域开展广泛的交流合作。近几十年来，日本鸿胪馆、博多贸易遗址等出土大量唐、宋时期的陶瓷产品，包括南方长沙窑、越窑、景德镇，北方定窑系、邢窑、钧窑与磁州窑等类型产品。历史上这一时期，中原王朝与朝鲜半岛、日本列岛各政权的交流，前期主要依赖山东半岛的登、莱二州，即所谓"海行入高丽、渤海道"。此后，北宋与辽对峙时期，政府虽在胶州板桥镇设立"市舶司"，并禁止民间与北方少数民族政权的贸易往来，但史料表明，山东地区民间与朝鲜半岛、日本列岛的交流并未中断。随着近年来环渤海地区考古工作的开展，相继发现如蓬莱登州古港、胶州板桥镇等见诸史料记载的古地点。此外，也发现黄骅海丰镇遗址等鲜见于历史典籍的古代遗址。这部分遗址在时代、遗存面貌方面都存在一定共时性和相似性，作为这一时期沿海贸易的据点或者重要转运站，一定程度上反映出该阶段的历史面貌。海北遗址考古发现及收获，再次为此类遗址的研究积累材料，丰富了对此类遗址性质、面貌的认识。此外，海北、海丰镇等遗址的发现，一定程度上弥补了文献史料的缺失，从侧面说明这一时期，汉族政权与周邻民族政权交流的广度——除官方文书记载的少数政府主导贸易场所外，沿海地区可能存在数量更多的未见记载，甚至是民间非正式性质的沿海贸易场所、港口类遗址，以顺应历史上民族间相互交流、融合的历史大趋势。同时，地理位置上海北遗址与胶东半岛的登、莱二州仅隔莱州湾，具备天然的港口条件，属于登、莱二州辐射范围。自隋唐以来，登、莱之地均为中原王朝对朝鲜、日本的主要通商口岸，为一处南北方商品集散地，一直到宋元时期，相互贸易往来也未曾停滞。海北遗址出土大量南北方瓷器，其中不乏精品。这部分商品的流向，除广大的北方地区外，部分商品通过官方或民间渠道到达朝鲜半岛、日本列岛。因此，结合环渤海地区这一系列遗址考量，海北遗址理应成为"东方丝路"研究上的一处重要起点。

当然，海北遗址作为一处未见资料记载的古代遗址，出土大量时代特征明显、内容丰富的遗存，对于其性质的确定，还有待考古工作的继续开展。作为"东方海上丝绸之路"的一个起点，其所占据的地位还有待探索。本书只是对海北遗址前期工作的一次粗略展示，作为一处大型的古代沿海遗址，对其规划、保护乃至深入的研究工作还需极大投入。

图书在版编目（CIP）数据

丝路之光：垦利海北遗址考古与文物精粹/山东大
学历史文化学院，山东大学文化遗产研究院，垦利区博物
馆编．—上海：上海古籍出版社，2017.12
ISBN 978－7－5325－8492－5

Ⅰ．①丝…　Ⅱ．①山…　②山…　③垦…　Ⅲ．①文化遗
产—考古—垦利县　Ⅳ．①K878

中国版本图书馆CIP数据核字（2017）第143060号

丝路之光：垦利海北遗址考古与文物精粹

山东大学历史文化学院
山东大学文化遗产研究院　编
垦利区博物馆

上海古籍出版社出版发行

（上海瑞金二路272号　邮政编码200020）

（1）网址：www.guji.com.cn
（2）E-mail：gujil＠guji.com.cn
（3）易文网网址：www.ewen.co

上海丽佳制版印刷有限公司印刷

开本889×1194　1/16　印张10　插页4　字数272,000
2017年12月第1版　2017年12月第1次印刷
印数1-1,500

ISBN 978－7－5325－8492－5

K·2337　定价：198.00元

如有质量问题，请与承印公司联系